U0024039

走進風下之鄉

沙巴叢林生活記事

冰谷 著。

老鼠、黑熊、大象、灰猴、人猿、蟒蛇、刺蝟、鬥雞、山蛭、野豬、懶猴、水牛、鼠鹿、蝙蝠、大蜥蜴、鴛鴦鹿、黑螞蟻、貓頭鷹、九官鳥……等人類與各類野獸「拔河」的趣事，及因人獸爭存而發生的慘酷事件，一時令人驚喜，一時令人感嘆，處處展現雨林的深邃神祕，引人側目。

序　風中的笑聲淚影

　　婆羅洲是南中國海中的大島，位於這個大島北端的沙巴與沙拉越，幅員遼闊，土地肥沃，資源豐富，廣袤的熱帶雨林鬱鬱蔥蔥，自然生態多彩多姿，本來是令人羨慕的世外桃源，人間樂土。然而隨著毫無節制的土地發展，天然資源受到猖獗攫奪，熱帶雨林受到嚴重蹂躪，許多自然景觀已面目全非。冰谷於一九九〇年受聘到風下之鄉的沙巴，在莽莽榛榛的林野中工作長達五年。退休之後，他於二〇〇三年至二〇〇五年孜孜不倦，伏案書寫，將異鄉生活的難忘回憶，以樸實有力的文字記錄下來與讀者分享。冰谷在自序中謙言只圖留下一鱗半爪，毫無揚名立萬之意。閱讀了他的《走進風下之鄉》後，我覺得這數十篇散文除了敞開窺望大自然的視窗，展現熱帶雨林變幻莫測的風貌，也同時讓我們從他細心的觀察中，認識婆羅洲別有天地的社會人文。

　　王潤華在研究中國與東南亞的華文後殖民文學時，曾在個案研究中解讀冰谷的詩集《沙巴傳奇》。王潤華認為，冰谷到了原始叢林，雖然遠離現代人類社會，卻更接近人類社會與文化，尤其那些荒謬的黑暗面。在資訊落後的林園裡，冰谷卻擁有了與原始自然聯繫的最完備通訊網絡；他的詩傳遞了大自然

深處複雜的訊息。在王潤華眼中，冰谷是他認為認識的馬華作家中，最接近自然的作家。

我完全同意王潤華的看法。出現於冰谷散文中的飛禽走獸、奇花異草、風雲變化，也和他在沙巴寫的詩一樣，處處展現雨林的深邃神祕，引人側目。其中有的篇章雖然信筆直書，卻能於字裡行間隱約流露出深刻的人文關懷。冰谷涉及山林時的奇遇，是久居城市的人所無法想像出來的。他在〈大象的智慧〉裡對這種陸地上最大型哺乳動物的觀察，令人讀後眼界大開。為了遏止象群侵犯園坵裡的可可和油棕，有的公司管理層耗費鉅資設立電擊網，利用太陽能將鉛線充電。冰谷告訴我們這種方法並非絕對，百無一失，因為：

> 「大象並非人們想像中的大笨象。經過多次電擊之後，覺得只有皮膚震痛，對身體毫無損傷，漸漸膽子壯起來，有的以巨腳踢倒圍柱，有的用長鼻子舉起樹桐壓倒電線，然後長驅直入，安然在園裡造案，享受豐餐。」

動物的許多行為是本能使然，例如鳥類築巢、蜜蜂採蜜和蜘蛛結網等活動，是通過遺傳的基因代代相傳的本領。然而有的高等動物卻能依憑自己的行為經驗，產生新的行為。這些動物能於盲目行動中將偶然成功的行為殘留在記憶裡，並於多次重複之後，將這些有利的行動化為脫困的手段。這種根據目的選擇適當手段的能力，稱為動物智能。

　　冰谷在〈養能言鳥的趣事〉裡，讓我們認識另一個層次的動物智能。很多人可能知道鸚鵡和八哥有語言天份，卻可能不知道森林中的九官（Burong Tiong）會為山寨雜貨店老闆招呼客人：「老闆在裡面」、「你好嗎？」、「謝謝」和「再見」。這篇散文裡描述的九官確實不鳴則已，一鳴驚人。主人教他說話足一個月，仍然滿口鳥語，吐不出半句人話，於是粗口大罵：「死仔包，教死都不會！」豈料九官立即開竅，連聲「死仔包」！這篇文章想起一句粗話：學壞三天，學好三年。

　　熱帶雨林中的可可和油棕園，是各種野獸，如松鼠、山豬、刺蝟、野象到來找尋美食的天堂。冰谷在〈靈犬大戰美猴王〉這篇散文裡將犬猴對峙描寫的栩栩如生：

> 「四隻靈犬正圍著大群猴子汪汪狂叫。其中猴王體大如猩猩，弓起猩紅的臀部，張牙舞爪、威風八面地環顧四方，與眾犬對峙；它每嚎叫一聲，所有的猴子跟著咧齒高囊，一呼百應，一時猿啼犬吠，把原本寧靜的林野掀起連綿不絕的喧嘩。」

　　進化論的奠基者達爾文，在《人類起源與性擇》裡論證了人類起源於動物的高級古猴，與現在仍然存活的猿猴共祖。難怪一些發展中國家囂張的政客，在國會裡「罵陣」時，嘴臉和這群森林裡的猴子何其相似。

　　冰谷在文中提到：「有隻小猴隨枯枝掉下，眾犬一見即刻轉移目標，集體向小猴追去，猴王也反應迅速，隨後趕上，一

隻看來是救子心切的母猴也同時出現了，一場真正的猴犬大戰剎那間就在森林裡展開。」這段描寫使我不期然想起俄國屠格涅夫的散文詩〈麻雀〉。屠格涅夫打獵回來，沿著林蔭路徐行時，「看見一隻小麻雀，嘴角嫩黃，頭頂上有些茸毛，從窩裡跌下來」。當屠格涅夫的狗向小麻雀走進時，「突然間從近旁的一棵樹上，一雙黑胸脯的老麻雀像塊石頭那樣，一飛而下，落在狗鼻子尖的前面，全身羽毛豎起，完全變了形狀，絕望又可憐地叫著，一連兩次撲向那張牙齒銳利的、張大的狗嘴。」最令人感動的是作者對母愛的形象描繪：「它用身體掩護著自己的幼兒……然而它那整個小小的身體在恐懼中顫抖著，小小的叫聲變得勇敢而嘶啞。它兀立不動，它在自我犧牲！」

　　冰谷在描寫母猴救兒時，若能多費筆墨深入描述小猴如何脫險，將更能吸引讀者。屠格涅夫在文末有所感悟：「愛，我想，比死和死的恐懼更強大。只是靠了它，只是靠了它，生命才得以維持，得以發展。」冰谷在猴犬大戰的文章裡所作的結論：「幾分鐘內即終結的戰爭，絕不會是人類的戰爭。」也令人深思。

　　收入《走進風下之鄉》裡的多篇文章，其中記述的生活情節，只有曾經身歷其境者才能下筆。例如誤食劇毒農藥仍能僥倖存活的小人猿；在油棕園裡運輸棕果的水牛能解人意，聽懂「行」、「停」、「左」、「右」等馬來口語令；能匿藏於眼鏡蛇王的鱗甲間吸血的猴虱；密密麻麻、攻勢兇猛，能將雞寮裡的小雛雞啃吃到只剩骨頭的黑蟻兵團等，都令人嘖嘖稱奇。這些散文中，我最感興趣的，是與生態有關的。例如〈小

香港的歷史悲情〉，就是忽略了持續發展，造成經濟由盛而衰的最好說明。曾獲「小香港」美譽的山打根，憑藉豐富的天然資源，多年前已崛起成為婆羅洲北方最繁榮的城市與商港。可惜由於林木的開採缺乏嚴密的管制，天然資源迅速枯竭，昔日的輝煌變成褪色的晚霞，在暮色中暗淡無光。〈森林大盜〉文裡，冰谷也讓讀者深入瞭解盜木所帶來的問題。唯物主義自然觀把每個人視為主體，而把自然界視為客體，因此在決定對待自然的方式時，人類的慾望及其滿足是唯一值得考慮的東西。美國學者大衛・格里芬在「後現代精神」裡指出，正是由於從人類中心出發，促使人人都希望在對自然界肆無忌憚的掠奪中，能夠儘量控制世界的自然資源，結果造成個人與個人、公司與公司、國家與國家之間的競爭愈來愈劇烈。這種動機同時也是導致大規模奴役和戰爭的主要原因。

　　冰谷有好幾篇散文以象和熊為焦點，例如〈象鼻原來是美味山珍〉、〈大象的智慧〉、〈獵象，血的戰役〉、〈黑熊蜜蜜的下場〉和〈熊膽的效應〉。其中令我讀後一直無法忘懷的，是一頭名叫做蜜蜜的黑熊。蜜蜜的母親在工人伐木清芭時驚慌而逃，遺下只有小狗般大的小熊。冰谷的朋友收養了這隻小熊後，為它取名蜜蜜，並於它一周歲時，「將它放回對面的森林裡，沒想到翌日放工回來蜜蜜卻躲在鐵籠裡嗚嗚叫，向他討吃。」許多野生動物被人類飼養之後，漸漸喪失了與生俱來的自主生存本能。冰谷在〈讓人猿回歸自然〉這篇文章裡，對野生動物依賴性的養成作出詳細的說明。這篇文章值得終生想以輪椅取代雙腳走路的人細讀和深思。

　　蜜蜜真正的悲哀，不只是失去在森林中覓食的能力，而且還因為主人聽信朋友虛假的許諾，以為對方真心要領養黑熊而把蜜蜜送到城裡，結果讓蜜蜜喪失了熊膽也喪失了生命。台灣作家粟耘曾經無奈地嗟嘆：「世間有地獄，地獄不遠，有不平等生命待遇的地方便是。」保護珍奇物種，不可隨意傷害，是人類尊重生命的一條原則，然而，在弱肉強食的社會裡，有多少利慾薰心的人，在關懷自己與家人之外，還願意費神去關懷其他眾生的利益與權利，並且考慮未來的眾生也有權利享用地球資源和在完好的環境中自由生活呢？

　　歌德曾說過一句令人深思的話：「靈魂吃苦受難，使文學成為重要。」冰谷長期受困於山野叢林，飽嚐遠離故鄉和親人的苦楚，因為將內心深處的真情實感借助文學創作抒發出來，也成為生命的必要。通過對大自然細心的觀察與描繪，冰谷的散文可說是生活體驗濃縮而成的結晶。這些閃亮的結晶折射出耀眼的光芒，映現出熱帶雨林的光彩，也映現了冰谷笑聲融入淚影的人生。

何乃健

（著名詩人／散文家／水稻專家）

序 《走進風下之鄉》的驚喜

在風下之鄉——沙巴州土生土長，我常因公私事到西馬，發現大馬雖已成立四十四年，但大部份西馬同胞，一般上都因地理上的隔絕，不甚瞭解沙巴。另一個原因，或許是嚴重缺乏有關沙巴的報導文學。像《走進風下之鄉》這樣詳盡報導沙巴的文學作品是罕見而珍貴的，值得推薦予全國中學生及教師們。

冰谷性格敦厚。他以熱愛大自然的赤子之心及文人悲天憫人的胸懷來記載他在九〇年代在沙巴五年的山寨生活，成功的從另一個角度來報導沙巴鄉間的實況，深入有趣，可讀性高。他在自序中說：「風鄉原是一片人間樂土，……卻由於人為和政治因素，無法浸霑在建設共榮的圈子內，如失去爹娘的棄嬰。」說出沙巴人心中的話，也道出我們內心的痛。

這本書不但讓從未到過沙巴的人有機會一窺沙巴風情真貌，即使是向來自以為瞭解家鄉的我，閱畢《走進風下之鄉》後，眼界也為之大開，內心深感慚愧。對冰谷的生花妙筆深為欽佩與感恩。

《走進風下之鄉》全文共分四輯：輯一〈耕農與野獸拔河〉，輯二〈鋸蟒驚魂〉，輯三〈寂寞的山寨〉及輯四〈為鳥攀天梯〉。每一輯都讓我讀時，欲罷不能；讀後，則意猶未

盡。難怪第一版在六個月內就熱賣售罄。出版才八個月後就要
再版。

每輯共有十五篇散文，全文共計六十篇[注]。每篇文章皆在
一千五百字之內，文短易讀。因每篇內容各異，新鮮趣事層出
不窮，加上作者文字功底深厚，樸素平面的描述卻讓讀者猶若
身入其境，親睹森林裡的各種鳥獸出入芭林；親聞「鹿鳴、狼
吟、猿啼、象嘯、豬嚎、鳥嚶……。」書中專文論及之鳥獸與
昆蟲有老鼠、黑熊、大象、灰猴、人猿、蟒蛇、刺蝟、鬥雞、
山蛭、野豬、懶猴、水牛、鼠鹿、蝙蝠、大蜥蜴、鴛鴦鹿、黑
螞蟻、貓頭鷹、九官鳥……等廿餘種，琳瑯滿目。如果可以在
每一篇皆添加插圖或照片，肯定會使內容更加豐富精彩。而每
篇發生的事都是在我預測之外，讓我閱讀時，篇篇驚喜。所以
在讀完後第一個感想是：若把書中故事改編，拍成電影或電視
劇，肯定會很吸引國內外觀眾。

讀者可以從文學角度來欣賞本文，因作者文筆優美，書
中美句，美不勝收；但也可以當遊記來閱讀，增廣見聞開拓視
野。當翻閱到最後一頁時，讀者對風下之鄉，特別是東海岸
的情景，肯定會留下深刻印象。隨著作者精彩而細膩的描述，
閉上雙眼，一幕幕山寨的生活將浮出紙面，像立體的畫面般重
現在你的腦海中。山野芭林裡，人類與各類野獸「拔河」的趣
事，及因人獸爭存而發生的慘酷事件，一時令人驚喜，一時令
人感嘆。但最令我們難以忘懷的是作者的惻隱之心。

[注] 本書初稿時為六十篇，新版經過增修，有些篇章重寫，變為六十一篇。

　　作者謙稱，「對文藝無大使命感，不過興之所至，托文字抒發胸臆而已」，但文中。常見其筆鋒一轉，發出令人深思之語：如「這些財團資金雄厚兼兵強馬壯，每年以五千英畝的速度侵略森林，……野獸遂成為國家發展進步中的犧牲品。」（〈黑熊蜜蜜的下場〉）；「果然，人猿比人類還準時」（〈讓人猿回歸自然〉）；「幾分鐘內即結束的戰爭，絕不會是人類的戰爭。」（〈靈犬大戰美猴王〉）；「那是多麼難以承受的重量。若泥路有生命，必也會發出吶喊，甚至哭泣！」（〈走在風沙與泥濘的路上〉）……等不勝枚舉，讓有心的讀者常有意外的收獲。

　　希望這本書的再版能獻上風下之鄉遙遠的神山祝福予國內外的讀者，並誠祝冰谷兄早日康復。

曾桂安

（沙巴崇正獨立中學校長）

走進風下之鄉

——沙巴叢林生活記事

自序　風沙與叢林的記憶

　　離開家園，流落異鄉，意想不到自己在沙巴莽莽的原野深山裡悄悄地渡過了五年的荒涼歲月。

　　雖說荒涼，卻是我生活旅途上的轉折點，更因這次的顛沛流離，豐富了我的人生閱歷。

　　沙巴，這片素有「風下之鄉」雅號的土地，為我國第二大州府，但在國家發展的歷史長河中，卻與幸運女神擦肩而過。因此，當我於一九九〇年中走進這片蒼茫廣袤的鄉土時，就感覺她依然在文明邊緣上掙扎浮沉，像在黑夜中默默等待黎明曙光到來。

　　走進風鄉，在她綠色的懷裡消磨了千多個靜謐的晨昏。這不長卻也不算短的歲月，發現原來風鄉是一片人間樂土，樹高林密，土地肥沃，鳥語猿啼，但由於人為和政治的因素，無法浸霑在建設共榮的圈子內，形如失去爹娘的棄嬰。

　　我的落點山打根是個美麗的城市，「小香港」並非浪得虛名，遺憾頻頻發生缺水、停電，不是一個月好幾次，而是一日好幾回，長期干擾民生。離開根城市區，去到郊外十餘公里，沿路就是「石釘」密佈的碎石路，凸凸凹凹，車速每時只能維

持在廿公里；百多公里旅程，在顛顛簸簸、搖搖晃晃下，抵達終點山寨時，一身腰酸背痛，四肢乏力。

從事農業，分秒必爭，記得當初抵達小香港已近黃昏了，夜色迷濛中車過街衢，遺憾無法及時吸收她的卓約風采；翌日微曦初露便收拾行裝，繼續趕路，呼吸碎石路上的陣陣風沙了。

所以，走進風鄉，我腦海中歷久不衰的，是突兀的碎石與車輪膠齒對咬的蹬跳；我離開的時候，石路已舖上了柏油，但依然觸目坑坑洞洞、沙塵飄揚。

這些累積的記憶，今天依然鮮明。

叢林荒野間的鳥獸蟲蟻，僻壤山寨裡的人與事，都令我深深嚮往，也回味無窮。當年或因忙於農耕或因疏懶，前塵往事徒留胸臆。爾今，趁此退休置閒，重提舊事，訴諸筆墨，無揚名立萬之意，圖留一麟半爪而已！

二〇〇九年十一月寫於大馬／雙溪大年

目次

序　風中的笑聲淚影／何乃健・003

序　《走進風下之鄉》的驚喜／曾桂安・009

自序　風沙與叢林的記憶・013

輯一

逐漸消失的鳥獸天堂・023

耕農與野獸拔河・026

走進風下之鄉・029

天花板上的足球賽・032

黑熊蜜蜜的下場・036

熊膽的效應・040

森林大盜・044

饑餓的滋味・048

飛向暴風雨・052

象鼻原來是珍饈美味・056

大象的智慧・060

驅象，血的戰役・063

叢林邊緣的火炬運動・069

誘捕大蜥蜴・072

獵豬傳奇・076

驚天動地的黑蟻兵團・080

輯二

養能言鳥的趣事・087

河畔溫馨的夜晚・091

靈犬大戰美猴王・094

車陷泥潭的救星・099

原生種榴槤與山竹・103

指天椒的蓬勃姿彩・107

野茼蒿隨風飄長・110

酪梨營養豐富・112

鏈鋸手蟒蛇驚魂・115

山神上身的故事・118

刺蝟晝伏夜出・122

小人猿劫後餘生・125

給猴虱與山蛭的戰帖・128

鬥雞，慘忍的遊戲・131

走在風沙與泥濘的山道・135

輯三

牛車默默地上路・141

巴當岸河上的魚骨串・145

倉鴞剋山鼠・149

空心菜吹起了喇叭・152

哨棒情濃・155

鑽石樹百年不朽・159

讓人猿回歸自然・162

夜幕低垂，象鳴嘯嘯・167

寂寞的山寨・170

音樂迷醉了鼠鹿・173

又是蝙蝠起飛時・177

懶猴，無懼無畏・180

擁槍的喜悅・183

狩獵專家・186

客家天下・189

輯四

瞄準飛鴿・195

催醒大地的笛聲・199

鴛鴦鹿形影相隨・202

荒山野店・206

為鳥攀天梯・209

大農莊氣派非凡・213

夢裡有海浪聲・216

小香港的歷史悲情・219

紋彩斑爛的貝殼・222

海鮮天堂仙本拿・226

幾曾相識海底雞・229

在浩瀚書海裡尋覓・233

凹地裡的果園・236

精雕細琢話刀鞘・240

扯旗山嚐龍蝦・243

附錄

附錄一　走進百獸國度・247

附錄二　《走進風下之鄉》・249

輯一

逐漸消失的鳥獸天堂

結果纍纍的可可樹。
（李有本提供）

　　沙巴州由於地廣人稀，熱帶雨林遼闊，到處青山綠水、蔥蔥鬱鬱，半世紀前為禽獸匿藏的天堂，探險家尋幽覽勝的蠻荒地。

　　那時候提起沙巴，西馬人無不驚恐逃避。一片不受人關注的疆土，那時候的沙巴的確給人落後偏遠的感覺。

　　大馬獨立之前，西馬的財團只專注發展半島這片沃壤，因為沙巴那時仍未加入大馬，稱北婆羅洲。成為大馬州屬之後，

農業種植家發現原來沙巴土地比半島更肥美，雨量充沛，更適合油棕、可可的成長。

於是，財團反應迅速，一窩蜂東進，引進大量專才和員工，投入巨額資金，伐木砍樹，將蠻荒叢林闢為經濟園林，打造了可可與油棕的欣欣榮景。這些財團資金雄厚兼兵強馬壯，每年以五千英畝的開發速度侵略雨林，掀開了飛禽走獸的天然帷幕。

野獸禽鳥遂成為土地發展中最先的犧牲者，逃亡的逃亡，死亡的死亡；更多是被槍彈追蹤，變為餐桌上的佳餚，滿足了墾荒者的味蕾。

從此，鳥獸天堂淪為它們葬身的地獄。

我踏入沙巴叢林稍晚。我來時，九〇年代的列車已經啟動，從山打根到拿篤鎮的近百里公路上，原始樹林早已絕跡，除了沼澤和石山，沿路盡是綠掌鋪天蓋地的棕櫚林，還有就是農業的新寵可可。

尤其是可可，正像一個初獲世姐榮銜、風華絕代的美女，鋒芒盡露，成為種植家矚目的焦點；起因是可可的身價，有個時期狂飆到每頓逾萬令吉（馬幣），成為天價，轟動農業界。

利潤當頭，彷彿可可是一架鈔票印刷機，怎不令人垂涎呢？

所以，我們來時，農業新寵可可早已漫山遍地、嬌態媚姿，霸佔了靠近道路的平野沃壤，近水樓台先得月，遲到的唯有尋找偏遠的深山荒野，哪裡仍舊蘊藏著無限開拓的空間，叫人著迷的農業商機啊！

　　我們就這樣帶著滿懷希望，遠離公路，攀山越嶺，渡河跨沼，深入荊棘滿佈的荒涼曠野。於是聽到了鹿鳴、狼吟、猿啼、象嘯、豬嚎、鳥啾……。

　　終於被迫與百獸禽鳥角力，日夜對峙。

　　開拓疆域，種植稼穡，伐木翻土，是改變環境，難免的，造成破壞自然生態。世界人口大幅度增長，開發資源也是應該的。

　　重要是，如何在驚動熱帶雨林的同時，保持自然生態的均衡？

　　這不是一個小問題，而是世界性的大問題。

　　當我們還在猶豫未決、舉步不定的時候，沙巴的鳥獸天堂已逐漸消失。

二○○九年十一月十二日／大年

耕農與野獸拔河

鮮嫩的油棕苗令野獸垂涎。（李有本提供）

步入稠密的熱帶雨林，投入伐木墾荒面積廣闊的種植行業，需要征服環境也是改變環境。從秧苗開始到油棕可可成長結實，所走過的每個階段，都一而再地遭遇野獸的踐踏和摧毀。

是故，站在耕農的立場，保護作物，無疑是首要職責，而過程即是與百獸對抗，進行一場長期甚至可譽為沒有終結的拔河賽；到了雙方心疲力瘁，依然難分難解。

在農業發展進程中，這是一場難以避免而令人心痛的角力。

　　鳥為食亡，野獸也一樣，為了油棕果實和風味獨特的可可，以生命典當——槍聲、子彈、鮮血、掙扎，最後都是奄奄一息。

　　犧牲最多的是野豬和羌鹿。這兩種味美易得的山中禽獸，幾乎天天都成為山寨裡餐桌上的美食佳餚。燜燉煎炒，五花八門烹調都嚐遍。不過，俗語說得好，即使龍肉，吃多了也變得平常，所以我們渴望每日桌上見到蔬菜和瓜豆。

　　不單是風下之鄉，大馬國土每一處叢林都是野豬窩藏和繁衍的庇佑所，不分日夜出沒搗毀農作，從高檔植物的油棕、橡膠、可可到賤生易長的番薯、木薯、瓜果，無一不是牠們攪吃的農產。

　　油棕秧苗脆嫩清甜，果實鮮艷欲滴，可可芬芳剔透，對生性貪婪的野豬永遠散發一股無以抗拒的誘惑！群獸之中，也以野豬的繁殖力最驚人，一頭母豬帶著七、八隻小豬出沒四處尋食，是司空見慣的事。豬仔成長也極迅速，三兩月即變作農家的勁敵了。

　　野豬習慣群居，結隊集體活動，而且數量驚人。荒山峻嶺、沼澤江河，對豬群都不是行動的障礙。

　　有一次黃昏，我在巴當岸河垂釣，親睹一群野豬渡河，一隻銜接一隻，排列成直線，沒有爭先恐後，顯示了高度的智慧。我約略點算，大小至少有五十隻豬浮在河面。那群傢伙如果潛入我們的可可園，樹毀果墜，場面肯定慘不忍睹！

　　形容人笨為「人頭豬腦」，豬其實未必都笨。我一到叢林就接管油棕苗圃，每天面對幾萬株綠油油的秧苗，灌溉、施肥、除草，工作倒也簡單，一路來輕輕鬆鬆。有一天無意間發現了野豬

出現的蹤跡，作詳細巡視後不禁捶胸擊肺，原來豬群悄悄作歹，苗圃邊緣絲毫未動，卻潛入中央地帶大肆飽餐。待我發覺時，牠們不知在裡邊活動了多少個晨昏了。數目損失，可想而之。

自此我清醒：豬真的一點都不笨！

野豬的身價，在城鎮裡比農場豬更高，但在我們的山寨裡就無價可言了。我們的油棕、可可園有一組工作隊，專對付禽獸，在野豬、猿猴、刺蝟、大象……經常出沒的森林邊緣巡邏，除了底薪還有消滅獵物獎勵，擒獲野豬的數量素來佔首位，幾乎每天一、兩隻。伙食部的冰櫃，儲存的山豬肉從來不曾間斷，同事們吃也吃到膩。

篳路藍褸開荒，投下心力和資金，眼見播種的農作物殘遭野獸蹂躪踐踏，沒有耕農可以容忍而不作出反擊的。可是，城門失火，殃及魚池，也有許多馴良的野獸被牽連遭殃，羌鹿與懶猴便是不幸的受害者。

羌鹿也叫山羊，體形大小類似家羊，肉質細軟，沒有膻腥味，比家羊鮮美。羌鹿、懶猴都不為害油棕可可，兼又不攻擊人類，在林間靠野生樹葉或灌木叢為生。然而，牠們經常遭好嚐野味的耕農射殺和圍捕；除現形耕地的羌鹿、懶猴難逃惡運之外，饞嘴的開荒者更荷槍攜彈，深入叢林，追蹤射獵，千方百計把羌鹿烹成桌上佳餚，滿足味蕾。

從事農耕，要面臨千百種挑戰，與野獸拔河，日以續夜對抗，堅守園地，僅屬其中之一。

二〇〇九年十月重修於雙溪大年

走進風下之鄉

　　我們一行六人，吃過菲傭準備的早餐，便於晨光初露之
際，向工作的山寨出發了。查問才知道，路途不遠，只有六十
餘公里，一半是碎石路，一半為泥路。

　　雖然路途不遠，卻要四小時車程，我聽了感到疑惑。那時
西馬半島的高速公路未竣工，若用聯邦大道的時速，六十公里
也不到一小時。於是，我心裡有數，那是一段如蜀道般不尋常
的旅程。

　　經拉卜路（Labuk Road）北行，過卅二里處到三岔路口，
一條通往東南的亞庇城（Kota Kinabaru），也即是沙巴的首
府；另一條西北直通拿篤（Lahad Datu），我們的車子往西北爬
行，公司的可可園地點在巴當岸平原，在拿篤中途轉入山徑，
一段更崎嶇且泥濘的征途。

　　說車子爬行真的一點也不誇張，試想車速僅二十公里，
與我們晨跑差不多，原因是齒輪一面轉一面閃避路中凸起的石
子，還有凹陷的坑洞。坐在車裡，我們的身體也隨著汽車顛簸
左幌右擺，蹬蹬跳跳。

　　駕車的楊同事，是公司派到風鄉拓荒的先鋒，勇者無懼，
與如此惡劣的環境對峙了整六年，竟無怨無悔，我能退縮不前

嗎？只見他一聲不響地以雙手扶著駕駛盤，全神貫注路向。掌管策劃工程，他經常在城與鄉之間進出，早已摸透了整條路的個性，但仍然翼翼小心，如負重擔，那種緊張情景如進入前線作戰的勇士。

沿路兩旁盡是可可園，低矮而茂盛的枝幹，密麻得如同灌木叢，而誘人的累累果實，把我們老闆的眼睛亮點從橡膠、油棕轉移到她身上。也由於這樣，我們這班在橡林裡紮營了逾廿載的「忠臣」，被調升到荒林深處尋找棲身所。

我不禁有「發配邊疆」的感嘆。這一趟被欽點，不知是幸，還是不幸？

過了卅二里三岔路，路上不再見到鄉鎮，偶然路旁出現一兩間高腳板屋、三幾株平常果樹，更加凸顯了旅程的曠野寂寥、煙渺人稀。這條是通向拿篤的唯一公路，但車行半小時都沒遇到一輛逆向駛來的車輛。

那種情景，前路蕩蕩，後面是車輪輾過揚起的沙塵，只有我們的車子在孤寂的路上爬行。是沙巴的旱季吧？藍天白雲，烈日當空，陳舊的四輪驅動車，沒有冷氣，我們就像困在蒸汽爐裡，體內的水份隨時都有被蒸發殆盡的危險。

拿篤路上，雖然有山，但都不險峻，說是坵陵起伏更為恰當吧！過了名不符實的鹽山（沒有鹽礦），再行不久，眼前忽然出現幾間板店，路旁空地上停泊著好幾類車，最引我注目的是載滿樹桐的巨無霸山大王，另外是山場慣用的越野車Land Cruiser，全都是穿山越嶺、縱橫叢林的頂級機車，與家庭轎車相比，一種是粗獷豪邁如壯漢，一種則嬌弱柔荑像嬌女。

原來這裡是旅客打尖歇腳的驛站。

車子顛顛蕩蕩了好幾小時，終於渴望到這麼一間小小的休息站，無疑像沙漠中找到了綠洲，心情的興奮，難以形容！

大家都有歇歇腳的企渴，於是車子戛然煞停，這才看清楚，除了咖啡店，還有一間汽車維修廠。板店雖然略嫌簡陋，但冷熱飲品兼備。在這荒山野地，有這麼一個驛站讓旅客歇腳養神，已經稱心快意了，居然還能享受一杯熱騰騰的咖啡，還能渴求什麼呢？

「老闆，來兩盤鹿肉炒麵！」在啜品咖啡時，識途老馬的楊同事向廚房裡忙著的店主喚道。

不到半句鐘，兩盤鹿肉麵上桌了，搭配是紅辣椒、薑絲和蔥花。切片的鹿肉，看上去和牛肉差不多，吃起來卻比牛肉嫩滑細柔，可貴之處是不含絲毫膻味。

意想不到，還未真正深入莽林，在途中就嚐到了野味。

二〇〇九年十月修定

天花板上的足球賽

圍丘經理居住的獨立型板樓。

　　從山打根到公司的可可園，不過八十餘公里，路程是碎石路與黃泥路參半。清晨出發，一路上顛顛簸簸、搖搖晃晃，抵達山寨已是午餐時刻了。

　　肚子問題解決之後，第一件要做的事，是安頓沉重的行囊，我也很心急一睹今後棲身織夢的安樂窩——雖然很清楚，縱然是雞寮狗窩也得住進去，簽了「賣身契」，大局已定，我再也沒有回轉餘地。

　　劉經理為我引路，是一幢獨立式的高腳樓，雖屬板樓，倒也建造得相當雅致，三房一廳，窗口與前後大門都按鑲蚊紗。經過幾年風雨的樓房，蚊紗居然保存得完整無缺，驚訝裡使我增加了一份安全感。叢林荒野，最忌是瘧疾啊！

　　「天花板上每晚都舉行足球賽，你要有心理準備啊！」

　　等我安頓好行李，劉經理沒頭沒腦對我丟下這一句話，令人疑惑。我聽了不禁一陣寒意打從胸臆升起。

　　「難道⋯⋯。」我想到幽靈鬼怪之類。環顧四周，辦公所、職工宿舍距離這幢樓房約莫半公里，中間隔著斜斜的谷地。兩地建築雖然遙遙對望，但若有事呼喚，大概只有順風耳才能聽到聲息。

　　我到風下之鄉職掌可可園，就是取代劉經理。他不過四十出頭，正當雄姿英發之齡，距離退休的日子尚遠。他呈辭，要出來自己搞農業。十多年前，沙巴的農業地還很便宜，發展的空間廣闊。他孤身寡人，放工歸來，晚上極少回板樓居住，經常選擇去單身同事宿舍湊熱鬧。所以，這間板樓實際上吊空。

　　我聽後更加毛骨悚然，進退維谷，對板樓彷彿有種陰森森的感覺。

　　「你放心，我是指夜晚有老鼠在天花板上嬉鬧，像是進行足球比賽！」他見我臉露怯容，終於輕鬆幽默地吐出謎底。

　　這下子，我才吃下一顆定心丸。當晚，天花板果然熱鬧非凡，不斷發出「劈啪劈啪」的聲響。這班不速之客在我的樓房天花板，天一黑即準時出席，足足大鬧了三個月，震到我徹夜難眠，精神萎靡。

幾十年住在橡膠林，從沒遇過如此跋扈的鼠群，驟然間束手無策。我也想過找一隻貓，但公司宿舍遍佈貓敵，野狗到處橫行霸道，貓兒根本沒有立足之地。於是，每晚只有掩耳讓牠們暢所欲為，直到有一天妻子東來度假，我在根城機場接妻子上車後，第一椿緊急要辦的事，就是趕去五金店買兩個鐵絲籠，對付夜夜在天花板上「踢足球」的傢伙，以釋我三個月來鬱鬱的心頭之恨。

回到山寨，晚飯過後，一切收拾完畢，開始部署我們的捕鼠計劃。先把吃剩的魚頭魚骨留下作餌，串在鐵絲籠的活鉤上，只要活鉤輕輕擺動，鐵支一彈，鐵籠子閘門隨即關閉，那傢伙就插翅難逃了。

從倉房裡拿出一把「人」字形的梯子，我一手握電筒，一手扶著梯子；枋木釘造的梯子，有點搖蕩，顯然工匠有欠專業，幸而有妻子從旁扶持，我始稍定心神。天花板頗高，我得站在梯子頂端才能掀開僅可容身的天窗，以手電筒照望，嘩！不得了，處處都是黑米狀的鼠糞，臭氣燻天！

當然我不因此而打退堂鼓，屏息忍臭引頸伸頭，把鐵絲籠子一個接一個從妻子手中接上來，平穩地擺在兩個不同的位置，保持一定距離。

擺置妥當，我躡手躡腳爬下來，喘一口氣，暗忖：半夜準有戲好看。遂抓起城裡買來的日報，正想享受一下閱讀的快意。

……踢躂，天花板馬上發出了聲音。

……踢躂，接著又是相同的聲音，似乎同時傳來。

　　剛翻開報紙，標題還沒讀完，頭頂上就有了消息。經過九十天的不斷騷擾，我聽得出，這下子不再是「足球賽」，饞嘴的率先倒楣了。

　　於是，我飛快地拋下報紙，拿起手電筒，爬梯子掀開天花板的活窗，把兩個鐵絲籠子提下來。籠子只兩個，竟囚困著三隻老鼠，其中一個籠子擠著兩隻。它們嘰嘰地掙扎，在狹窄的空間不停鼠竄，顯然在尋找出口。雖然鼠輩牙利齒尖，但對籠子的鐵絲，盡管它們咬到窸窣聲響，卻毫無作為。

　　「如何處置它們呢？」妻子問。我略為猶豫，忽然想起板樓後面盛滿雨水的大桶，夫妻兩人七手八腳顧不了慘忍的問題，將三隻傢伙處以「溺刑」。清理籠子後，再次上餌，又再從梯子爬上天花板，佈置第二輪「籠陣」。

　　「那班傢伙被嚇得東藏西躲，暫時不會再來尋吃了。」我心想。不料，當我拿起報紙又是開始瀏覽標題，頭頂上又再發出「踢躂」、「踢躂」幾聲。

　　「這麼快，真個視死如歸、膽大包天呀！」我一面喚，一面爬梯子準備為它們舉行另一場葬禮。

　　那一夜，我沒有閒暇閱讀，身體只在梯子與天花板之間上下移動。兩周之後，板樓的天花板平靜安寧了，因為再沒有老鼠斗膽舉辦足球賽。

　　我慶幸贏得了深入蠻荒與鼠獸決戰的第一場勝利，阿彌陀佛！

二〇〇九年九月十八日修定

黑熊蜜蜜的下場

　　來到風鄉，走進鬱鬱叢林，首先接觸的野獸，竟然是黑熊。可並非意味沙巴州的黑熊隨處可見，或這裡的森林裡黑熊比其他猛獸繁多，經常出沒。

　　能最先看見黑熊，是因為牠被關在鐵籠裡。在路上顛簸了整半天，疲憊又饑渴，抵達山寨，我一放下行李，第一件急著去做的事，便是快步走入廚房找開水解救。咕碌咕碌幾杯開水下肚，喘一口氣，向廚房窗外探首，想觀看荒林景色，這時，黑熊的影子赫然近距離在我的瞳孔轉來轉去，差點把我嚇得拔腿飛跑！

　　定神細看，心魂才稍安定，原來牠被關在樹下的鐵籠裡。黑熊顯然是飼養的，大概像我一樣，饑渴了，不停踱步想擺脫囚禁尋找食物。

　　黑熊見到我，竟然停下來。我們互相對望了一陣子，在牠的眼眶裡，我是一個仇敵嗎？對於被囚禁的任何動物，我總是寄予一份同情的；更何況，飼養了又不好好照顧，饑餓了都不理會。

　　然而，我深切明白我的身份，我是新客，腳步才踏入山寨，不只說話沒有力量，同時也不瞭解黑熊的出生，和飼養的

由來。經過數周細察之後，知道黑熊的主人是同事Kenny，我們可可園的虎將之一。他為人正直，很有幹勁且工作態度認真，所以年紀輕輕二十來歲就登上副經理寶座。

Kenny喜歡豢養各種動物，家禽類就有狗、鬥雞；他養過的鳥，五花八門；野生動物有刺蝟、山豬，都是一時之興。因為他是單身漢，周日或工餘無所事事，遂把多餘的精力放在飼養動物禽鳥身上。久而久之，成為一種興趣了。

Kenny豢養最久的是這隻黑熊。

他給黑熊一個好聽的名字—蜜蜜，是雌性的，這名字很切貼，靈感來自中國大陸的貓熊吧！Kenny告訴我，三年前，伐木工人清芭，母熊驚惶逃命，遺下這隻小熊，工人捕到了送給他。只有小狗般大小的熊兒，綿絨絨的體毛，溫馴活潑，人見人愛。

初時，Kenny每天勤餵奶粉，小熊成長迅速；幾個月之後，廚房裡的餘飯剩菜，麵包餅碎，還有木瓜、椰子和山林裡的野果，都成為蜜蜜溫飽的便當了。

我到山寨時，蜜蜜已經三歲了。十分友善，呼叫她，會轉身看著你，顯然是回應。她被關進籠子裡，是因為頑皮，不時闖進廚房裡翻箱倒櫃，尋覓食物，驅逐不走，Kenny一氣之下，把蜜蜜關進了牢籠。

三歲的蜜蜜，前肢豎立有四尺多高，四肢粗壯發達。我看過她剝椰子，四肢並用，以腿抓緊椰子，伸出鋒利有力的前爪猛力一撕，椰皮便脫落；再用雪白的銳齒一咬，不稍幾分鐘，椰水和椰肉就進入她的肚子了。那種乾脆俐落的動作，我們即使用刀斧也自嘆不如呢！

Kenny還告訴我，蜜蜜滿周歲的時候，他將她放回森林裡，想讓她自由自在地過原始生活，但是早上放逐，下午就回到山寨了，她認路的本事不輸靈犬。Kenny從可可園回來，看到蜜蜜自己躲進籠子，嗚嗚哀叫討吃，Kenny於心不忍，遞水送飯，終於把蜜蜜留下來。或許蜜蜜已把自己當成山寨裡的一份子，與Kenny攀上了感情。

黑熊怕熱，囚禁蜜蜜的鐵籠放在一棵山龍眼樹下，好讓她有樹葉遮涼，可龍眼樹距離廚房不遠，蜜蜜每天的排泄，難免發出異味，所以Kenny無論工作如何緊湊，總得撥出時間清洗，順便替蜜蜜沖涼潔身。這種工作，當然不能用水杓，Kenny從廚房用軟管接出去，直接往蜜蜜身上沖涮，順便沖滌她的糞溺。

Kenny做事雖勤快，卻有個缺點，缺乏永恆心與持久力。每天飼餵一頭動物倒也罷了，還得替她沖涼除糞，有時同事會發出臭氣的厭言。Kenny於是又萌生如何處置蜜蜜的問題了。

一天，Kenny一個居城的好友來到山寨，見到蜜蜜逗趣可愛，又十分馴服，說要領去城市接養。Kenny一聽，欣然同意，只說：「要好好照顧，不可令蜜蜜挨餓。」

就這樣，蜜蜜從山寨移居到城鎮了，看來比我們這班開荒人還幸運！可是，一次Kenny和我入城購物，想順道去看看懷念已久的黑熊蜜蜜。找到了那位朋友，唯見到的牢籠卻空空如也，不見熊影。

「蜜蜜呢？」Kenny問。

「唉，病死了！」

　　我們快快然離開，卻百思莫解，那麼健壯、那麼活潑、那麼奔放的一隻動物，竟然不到幾個月，猝然死去。Kenny不信，連我都覺得事有可疑。

　　不用說，最心痛的當然是Kenny。他不死心，四處調查，原來朋友是「聲東擊西，殺熊取膽」。據說，蜜蜜的熊膽值一千令吉。

　　蜜蜜死得冤枉，活不到五歲，就因為腹內長著一顆手指頭般大小的膽囊。

熊膽的效應

黑熊全身都是寶，因此遭射獵。

為了小小一顆熊膽，飼養了五年的黑熊蜜蜜遭人五馬分屍了。Kenny除了與他下毒手的朋友割蓆絕交，還傷心了好幾個月呢！

野獸也真可悲，幾乎它們所有的器官，都是名貴的中醫藥材。順手拈來就有鹿茸、犀角、虎鞭、猴腦、蛇膽，既可養生又能壯陽。總之千金易得，珍品難求，為了延年益壽，顧不了是否受保護的動物，把它們殺得七零八落，瀕臨絕滅。

當然還有熊膽，也是稀有之物，珍奇中藥。據說熊膽對於小孩驚風，有起死回生之效，但熊膽處理不簡單，取出之後要

在室內晾乾；若曝曬於陽光下，膽汁被熱能蒸發而消失，剩下膽皮，自然失去效能。

對中藥我缺乏常識，對熊膽的神奇療效不敢妄下評論。這裡只述說一個與熊膽有關的真實故事。

我有一位菲律賓籍助手，個子矮矮瘦瘦，身高不過五尺二，在公司服務比我早好幾年，約四十歲出頭，與Kenny一樣，是山寨裡著名的神槍手，空閒時經常出門狩獵。

他叫Dadong，聰慧又好學，不只英語捧，馬來語文也比我亮麗靈光。與Kenny耆好相同，個性卻有異，Kenny喜愛熱鬧，出獵招友結伴，而Dadong則是單槍匹馬的獨行俠，黑夜風高也獨樂其樂，獨自持槍尋找刺激。

有一晚飯後，Dadong來向我借槍，說要出門打獵了。

因地域廣闊，我們公司的可可園分為五區，由五位經理分別掌管。每位經理都擁有合法獵槍，保護農作。槍械乃危險武器，公司規定平日槍彈必須鎖在經理宿舍的鐵櫃箱，以策安全。

打獵不是我的偏愛，所以雖然我長期擁有獵槍，卻是經常緊鎖在鐵櫃裡。Dadong借槍，往往半夜三更才倦步回寨，為了不想驚動早眠的我，獵槍總在翌日清洗後才歸還。Dadong很守信，也很守時，無論打獵深夜幾時回來，第二天總會準時在辦事處出現，不曾遲到或缺席。

那一晚Dadong行獵，翌日清早工人全報到了，他還沒有出現。我知道事有蹊蹺，擔心他出事，於是把工作打點妥當，趕到宿舍去看究竟。

敲門敲了半天，他才掙扎起來回應。

我看了，大吃一驚，眼前出現的一張關公臉，紅得像要燃燒。

赤紅紅亮閃閃，連眼珠子都佈滿密密的紅絲，看了令人感到恐怖！

「怎麼回事？」我問道。

「昨晚我獵到一隻黑熊，生吞了一顆熊膽，回來整身發燒，一直熱到現在，還有點頭暈耳鳴。」Dadong囁囁地回答。

傍晚開飯時間，Dadong才步履蹣跚地走入膳堂，恰好李總經理也在場，問起原因，Dadong於是細說從頭：原來他荷槍搜索到半夜，一無所獲，正想折返之際，發現一隻大熊，一槍命中，馬上開膛切腹，掏出熊膽就一口吞下。

Dadong來到風鄉已經十多年，都在叢林裡與華人朝夕相處，耳染目濡，大概也對熊膽的神奇妙用，略知一二，尤其是知道可以壯陽，更加蠢蠢欲試、當成仙丹，一嚐為快。

每位同事的眼睛亮點都自然落在Dadong身上，似乎在尋找熊膽發酵傳達的某種玄機。這時我才看清楚，不僅僅是他的臉部，他全身都泛起紅潮。一顆大如拇指的熊膽，在一個人的血管細胞裡，激起了如此強烈的威力，真有點不可思議啊！

「除了血脈賁張發熱，你身體的某個部位，有些怎樣不同尋常的感覺嗎？」平時一臉嚴肅的李總，此刻卻一反常態，語帶雙關地問。

此話一出，大家不禁哄堂大笑。Dadong久久沒有作答，羞赧得似初戀的少男，低下頭看自己的腳跟。

兩天過後，Dadong的身體才恢復常態，回到工作崗位。

　　從人體表面上，熊膽的有力效應已經發揮得淋漓盡致了，至於是否真個健身壯陽，只有Dadong本身方可體會了。

　　熊膽，令龐大的黑熊喪膽失命。

二〇〇九年九月二十三日修定

森林大盜

　　我落足山寨不到兩個月，就倒楣地遇上了「森林大盜」。
——如真是江湖大盜，也許會好些，洗劫身上財物，一走了之；森林大盜偷伐樹木之後，還留下諸多手尾，讓我清理。

　　更要命的是，敏感不足，管理失誤，我因此被上司足足嘀咕了一星期。

　　初入山林，我的視覺重點落在可可和油棕，對於森林大盜，根本一無所知，缺乏防範，原是很自然的事。

　　然而，鐵面的李總並未因此而稍予寬待。我只有將悶氣憋在心裡。

　　幸虧還算我察覺得早，不然遭盜砍的木材數量更多。

　　恰巧有一天我巡視可可園，走近林野邊緣，聽到鄰近軋軋的推樹機聲響，也不疑有甚麼不妥，以為別人開闢疆土。

　　「隔鄰的森林開發了，不久這裡可熱鬧囉！」共用晚餐的時候，我向大家提起日間森林的推樹事件。

　　「我們得前去看看，最近盜木猖狂，提防外人侵入我們的範圍，你說的那區我們還有大片森林沒有開伐呢！」

　　Kenny聽後顯得有點緊張，反應迅速。

　　他緊張得有理由，因為他是資深老馬，經驗比新手的我豐富。

於是翌日，我們一同出發，探個究竟。

走入林間現場，Kenny首先指出，對方果然侵犯領域，推林倒樹，顯然是偷盜資源，樹桐橫七直八堆積現場。

一個身材驃悍、皮膚黝黑的中年人，看見我們趕到，馬上停熄引擎，從高高的機座上縱身一跳，滴汗的臉上帶點驚惶，卻仍禮貌地向我們展露一臉微笑。

也許作賊心虛，我想。

他說他只是受雇的推機駕駛員，老闆命令推樹他就推樹，命令他伐木他就伐木，其餘一切他都蒙在鼓裡，毫不知情。

拿人錢財，受制於人，也許他講的也是實話。

「但是，也不能盲目地推，見樹就砍呀！總該認清場地，把邊界劃出，你怎麼把整座大森林都當成自己的！」

Kenny得勢不饒人，向他連環「開砲」，還想繼續，被我阻止了，這樣於事無補。我想到最關鍵的問題是如何善後。

我吩咐Kenny抄下他的姓名、地址、身份證號碼。過後又覺得，這也解決不了問題，摸清幕後主使才重要。

「你的老闆是誰？請把他的電話、住處和其他資料抄給我們。我們只有找他事情才可解決。」我說。

他深知再也無法隱瞞，於是爆出了主謀的名字。Kenny和我聽了，不禁一怔。

因為他報出的名字不是泛泛之輩，而是「捉鬼」。捉鬼是人鬼皆知、聲名遠播的「森林大盜」，專盜砍林木，不管政府的或私人界的，照伐照砍，多年來進出叢林竟然毫無阻攔，所以累積成富，逍遙自得。

我們終於遇上難纏的對手了。

紙包不住火，雖勁敵當前，也不得不向上司呈報。

「甚麼？我們的木材被偷盜！」李總一接到我的電話，馬上暴跳起來。

公司在山打根設有辦事處，李總駐紮根城，主持內外所有決策，唯每月都進入山寨小住，巡視園裡各區的工作進展。

當他突然接獲這個盜木的消息，放下一切，專程從根城駕著越野車，搖蕩了幾小時來到山寨，怒氣未滅就喘喘地約我一起去檢查盜木的情景。

我心裡暗叫一聲「苦」也。遭盜木那地帶一片蠻荒，藤蔓糾纏、荊棘重重，車子進不去，要跋涉好幾公里叢林。但是，李總不是一個輕易對環境屈服的人，長期在園坵裡奔走，當然不會因為步行而退縮。

我把車子停在可可園的邊緣，也是山路的盡頭，由這裡再轉入原始地帶。我沿著昨天的腳印緩步，小心謹慎，為李總引路。

邊走我邊罵森林大盜捉鬼，有眼無珠，好歹也該打聽一下屬誰管轄的疆土，斗膽向我們的江山打主意。當然李總一路嘀咕，責我守土不力，被人有機可乘。

但是，對一個掌權不及兩個月的新手來說，要在短期內把五千英畝（每位經理管轄的單位）遼闊的範圍瞭若指掌、界線分明，卻不是件容易辦到的事。但是，這番話我只有壓於心中，不敢向李總申述。

我有受委屈的感覺。唯拿人錢財，替人消災，除了忍耐，也無話可說。

　　我走在前頭，不時地以巴冷刀清理擋路的野藤和芒刺，彎彎轉轉地走了將近一小時，然後跟隨推樹機的履痕，汗水滴盡始找到堆積的樹桐。

　　「快，把樹名和數量都記下！」這，可難倒我了。過去在橡樹林裡蹉跎歲月，二十五年不知數遍多少樹，但全是橡膠樹。

　　「森林樹桐……呵呵……。」李總知道我外行，一竅不通，沒有為難我。吩咐我拿出紙筆。

　　「Belian木三條，Kayu Malam兩條，Chengai Batu五條……。」李總看著樹桐不停地唸，我默默地寫。真欽佩李總的認樹能力，我像在上一堂「森林課程」。

　　這時，心裡對森林大盜的怨氣稍稍降溫了。每天在森林中進出，自己對樹木視而無睹。感激捉鬼，讓我認識了那麼多樹木的名字。

二〇〇九年九月二十三日重寫

饑餓的滋味

　　「森林大盜」捉鬼在山打根落腳，但他的部屬卻在京那巴當岸河（Kinabatangan River）流域一帶，從事盜木活動，由來已久。只是我初入荒地，缺乏經驗，因此中招。

　　我涉及種植業，一晃已二十五年。東渡風下之鄉之前，我一向被橡膠樹領養。這次來到山寨，對著陌生的除了環境，還有油棕與可可。無疑這是兩項大挑戰，根本無暇顧及翠綠高聳的林木，更想不到，原來林木也是一條眾目覬覦的財路。

　　捉鬼盜木，成為我們追蹤的對象，但世事變幻無窮，意料不到後來竟成為我們的朋友。我們的新墾地招標，投標最高價的竟是大盜捉鬼。這是一年之後的事。

　　話說林木被盜後，李總親臨現場，點算完畢，飛快回到根城追蹤「捉鬼」，尋找解決方案。李總辦事敏捷，步步緊扣，扮演張天師角色，令捉鬼無處逃避，結果是，按照樹桐數量賠款，還得把所有砍伐的大小樹桐拖到我們山寨的路口置放，免再度被偷。

　　我們的山路狹窄，運載樹桐的大卡車不能通行，所以拉木要動用推樹機。那位捉鬼的推機駕駛員，被我們揭發「醜事」

之後，已經息鼓收兵，折返自己的營寨去了。我們沒有推機，要找他幫忙拉木，得直闖他的營寨。

這份差使，不消說，自然又落在Kenny和我的身上了。

我身為寨主，必須出面理所當然，而Kenny呢，在這一帶濯足了好幾年，是一匹識途老馬，由他作嚮導，我十分放心。九〇年代的資訊沒有現在的發達，尤其是無線網路，在蒼茫茂密的深林裡，障礙重重，顯得疲弱無力，有事就要親自出馬。

那位捉鬼的「愛徒」，住在六公里外的山寨裡，路雖不遠，但隔著鬱鬱的叢林，也可能還有沼澤泥潭。林間不但有野象、山豬、黑熊等猛獸稱霸，還有可怕的蛇蠍、山蜞和蟲蟻橫行，思索再三，最終我們選擇走水路。

走水路要繞道，路程遠了好幾倍，但安全，安全就安心。Kenny熟悉路程，對方的山寨桀在京那巴當岸河支流的邊岸。

我們公司水陸交通兼備，除有兩艘運貨舢舡，尚有快艇一隻，遇到雨季山路泥灣，出入城市只能依靠水路了。

來到山寨，我還沒有乘過快艇。這回林木被偷砍，我因禍得福，終於一嚐坐快艇的宿願，心中不禁暗喜！

但是，萬萬沒有料到，竟第一次嚐到饑餓的滋味。

那天，安排好工作程序，我和Kenny就整裝出發了。同行還有快艇的馬來舵手，是園裡的囉哩司機。舵手檢查引擎添油後，發動馬達，快艇真的飛也似的直衝向前，嗚嗚滑行了。

我們沿著巴當岸河順流而下，兩岸盡是蒼林綠野，翠竹碧嶺，偶而河岸出現一兩處堆積樹桐的碼頭，或三兩間簡陋不堪的草寮，大概是供工人歇息的。

快艇飛馳了約兩小時，轉入巴當岸河的一條支流，然後逆水而上，再滑行半刻鐘，發現了一個小碼頭，上岸走幾公里，到了山寨詢問，才知道找錯地方。

於是回到快艇，繼續航行，進入一條河道僅十來尺寬的支流，兩岸古樹枝幹低垂，藤蔓縱橫，枝條觸及河面，如同吸水。我們的快艇受阻礙，只好降低速度，好像遊艇般輕騎慢駛，欣賞風光。

這時日已過午，平時我們十一點鐘午餐，肚子開始嘰咕嘰咕抗議，傳達饑餓的訊息了。但是，走了這樣遙遠的路程，總不能因饑餓即回轉。

我們仨，莫提便當和麵包，就連一瓶白開水也沒帶；艇上，只有兩桶供引擎「充饑」的汽油。平時離寨巡視可可，習慣了毫無防備，總是這樣輕鬆悠閒出門。

漸漸地，愈來愈感到既餓且渴，真後悔出發前沒有想到肚子這個大問題。這往往是人類的弱點，溫飽時從未顧慮饑餓的難受與悲涼。

我們在肚子的抗議聲中繼續尋找目標，到了下午一時許，河岸又出現另一個碼頭，而且見到一艘舯舡泊在岸邊，船上人聲騰沸，男女混雜，原來是往返巴當岸河載客的大舯舡。

我們眼睛一亮，趕緊囑舵手把快艇靠向碼頭，泊在舯舡旁。我一看，腹內的酸度即刻飆升，饑餓加劇，原來舯舡倉房的零食部，吊架上密密麻麻掛滿各種泡麵、麵包、餅乾、糖果，還有切成鑽石形的美味蛋糕；吊架上無論那一類食品，這一刻都成為我們的救命仙丹！

可我們只對著它們凝視，因為三人身無一文。

除了進城辦事，平日我們在山寨裡活動，向來沒有攜帶錢包，這次就領教了苦頭。

所以，Kenny和我望著舺舡中的食品，你看看我，我看看你，不是垂涎三尺，而是猛吞口水！

飛向暴風雨

我們把快艇泊近碼頭，跳上岸查問，這次找對地方了，可山寨猶在幾里外的叢林中，沒有汽車，只有在肚子嘀咕聲中循著黃泥路步行。

我一面走一面不停咒罵森林大盜「捉鬼」喪盡天良，假如不是他派屬下侵犯我們的地盤，偷樹砍木，Kenny和我就不必「受難」，長途跋涉而捱餓。

找到了那位推樹的仁兄，拋下列明條件的「戰帖」，我們便馬不停蹄折返碼頭，一路強忍著腹內空虛的絞痛——我和Kenny都自認是好漢一條，寧可餓死也不向「敵人」乞憐討飯！

即將奄奄一息了，路在前頭，唯有蹣跚舉步。此刻，垂直而延伸在眼前的幾里黃泥路變成了幾千里，悠遠而望不到盡頭。

忽然刮起幾陣風，樹葉蕭蕭地自高聳的林木間飄落，和泥路捲起的塵沙混雜，在我們周圍耀武揚威，似乎有意延宕我們的歸去時間，揶揄落難中的我們。

驟然間，心底掠過一陣「虎落平陽」的悲涼感。

「Boss，好像要下雨了！」

趕到碼頭，馬來舵手緊張地提醒我們。抬頭一望，天色真的一片昏沉。吸一口氣，兩人同時跳上快艇。莫說下雨，即使撒冰雹，都得趕回去。

難怪舵手緊張，我們沒有帶雨衣！

山雨欲來、風起雲湧時刻才想起雨衣，遲了。後悔也於事無補，雨衣收在遙遠的山寨宿舍裡。「未雨綢繆」人人都會說，卻很少人實踐！

我們只有無奈地苦笑，吩咐舵手發動引擎，迅速離開這個連鬼魅都感冷寂的地方。畢竟，快艇的速度不比風雲的變化迅速，艇子只滑了幾分鐘，呼嘯的風雨開始向我們窮追不捨，正當快艇駛入巴當岸河，轉向逆流而上時，豆粒大的雨滴就鋪天蓋地、嘩啦嘩啦的朝我們當頭劈下了。

雨珠似千萬枝銳箭，從昏沉的高空斜斜地疾射下來，而快艇則以四十里的時速飛馳，與箭雨正面對衝，那種力度落在衣著護體的身上也極其難捱了，射在毫無遮掩的眼睛、耳朵及臉上，痛何以堪！於是，Kenny和我轉身背風，讓無情的雨水打在背上；可憐的馬來舵手，因為掌舵，面向前方，那張臉孔只得任憑風雨蹂躪了。

出身農家的我，被風吹雨打屬平常事。但是，在快艇上遇到如此猛烈的暴風雨，則是生平第一遭，驚惶失措、憂慮神傷，兼而有之。以為這是一場驟雨，很快雨過天青，沒想下了一小時還未顯晴意，且有愈下愈大的跡象，風也愈刮愈狂，使江水蕩漾的巴當岸河在密密的雨網中變得更朦朧迷離，也更昏暗悠遠。

　　濕淋淋的身體被唬唬的猛風侵襲，不禁寒意凜然，我們三個開始哆嗦，牙齒格格地發出顫抖的聲音了。可憐的馬來舵手，更是縮成一團，緊扶方向盤的兩手似乎不聽使喚，顯示不堪忍受寒冷了。我們知道，舵手比我和Kenny受更嚴峻的考驗，因為無論風多狂雨多大，身為導航，他得張大眼睛，辨認方向。

　　面對風雨和背向風雨，尤其在疾馳的快艇上，所遭受的強烈吹襲，差點極大，我遂與Kenny商量，大家同舟共濟，輪流掌舵，讓馬來舵手有機會喘息。

　　說完，我第一個轉身接過駕駛盤，臉孔馬上被急雨點擊，風雨再大也得難受繼續航程；天黑之前，我們必須趕回山寨。睜大疼痛的雙眼，我把鴨嘴帽略為壓低，減少箭雨直接疾射眼睛的機率。

　　「注意河裡飄來的浮木！」Kenny向我發出警號。顯然他對我這個新舵手不放心，突然一擺身軀和我並坐，隨時戒備。

　　我這才明白，不敢有誤，全神貫注前方。這條全沙巴最長的江河，兩岸風景如畫，除了油棕、可可，還有大片未經開闢的熱帶雨林，千山萬樹、飛禽走獸，都是資源財寶，但此刻我被狂風暴雨堵困，心神紊亂，眼眸中只有茫然一片的滾滾江河。

　　Kenny經驗老到，料事奇準，河水上流不時飄來浮木，有長有短，向著我們直衝而來。這些森林伐木遺下的「廢料」，被大雨衝涮而隨波逐流，危害川行河流的船艇，稍為疏忽，若與我們的快艇對撞，結局或許比馬路的車禍更悲慘！

初駛快艇，我小心翼翼，打起十二分精神。

江水迷濛，天沉地暗，好幾次浮木對著快艇衝來，弄得掌舵的我手忙腳亂，幸而Kenny眼明手快，輕輕助我擺動方向盤，快艇就在浮木的旁邊掠過，化險為夷。Kenny見我心神不定，遂接過舵手一職，加強馬力，快艇飛也似的航向暴風雨……。

事過境遷，多年了這事件仍歷歷在目。怎能忘懷呢？──饑餓、風狂、雨暴、驚險，同時發生。

象鼻原來是珍饈美味

象鼻是大象的神手。

　　風下之鄉不只地大物博、土質肥美，同時也是鳥獸蟲豸繁衍與生活的天堂。大象、野豬、蟒蛇、刺蝟、山鹿、野牛、果子狸、猿猴……，都把廣袤茂密、舖天蓋地的荒山林野作為天幕，日夜優遊其間，直到伐木聲呼天搶地，掃盡了樹木和藤蔓，暴戾的槍聲卜卜響起，牠們才驚慌逃竄。

　　儘管野獸長了四條腿，有奔跑跳躍的本能，但始終難與槍彈比拼。於是野獸豐富了人們的餐桌，滿足了老饕的味蕾。愈是稀有的動物，愈是珍奇滋補，鹿茸、熊掌、犀牛角，不是

追魂仙丹便是山珍海味，價錢昂貴且粥少僧多，供不應求！幾千年來靈鹿因為頭頂那對茸角與灰熊的兩隻絨掌，到處被人追殺，落得驚魂落魄，永無寧日。

而大象呢？體型雖大，看似勇猛無比，卻也受制於人。大象除了象牙珍貴，萬萬沒有想到，連牠的長鼻子也是人間稀有的美味珍品，真令人跌碎眼鏡！

雖是稀有珍品，在我，卻也來得極其容易。我來到山寨第一天，時過中午，李總帶我們在鄰近約略瞭解環境，回寨時刻太陽已傾斜，我進入俱樂部正想小憩，

忽聞門外傳來一聲「開飯了」，於是就往飯廳走。

除了攜帶家眷的職員，其餘的都在公司的伙食部共餐，由公司聘請菲傭主理煮炒，單身漢或家眷離寨的，每次從荒野回來不必淘米洗菜，就可輕輕鬆鬆走進飯廳享受溫飽。

傍晚六點鐘即喊「開飯」，稍早些，唯荒山野嶺中的夜比平原早到，夕陽從樹梢頭與地平線的消逝，形成頗大的落差。

暮色蒼茫的傍晚，百鳥投林，蟲豸齊鳴的時氛開飯，對早睡早起的耕農來說，是最適當時刻。

我推門進入飯廳，人數已齊全了。同桌共餐包括董事、李總、顧問吳博士、Kenny等多名同事，只有我是席上的新客。我一看桌上，共有五道菜餚，青菜、魚、肉、湯，一一俱備；而其中有一道配上香菇、肉絲和薑片，類似海參，卻不知是甚麼山珍海味。

「這道是今晚的名餚，由Kenny特別配製。」李總向眾人推介，而後神祕一笑，卻不說出名堂。

這道切成條狀、半結晶體的「名饈」，似乎吸引了所有人的胃口，從筷子的落點就可以看出。我也不落人後，挾起一片就咬，真有海參風味——細脆、酥爽、清純，不粘齒縫，更奇特的是烹煮配料與海參如出一轍，色彩風味十分相似，但細細玩味咀嚼，卻又不像是宴席桌上的海參。

近十位職員，大家專注地用餐，筷子湯匙起起落落。我暗忖：由Kenny親自泡製的這道佳饈必有與眾不同的奧祕；如果是普通菜饈，訓練有術的菲傭已游刃有餘，何須勞動副寨主Kenny出馬？

果然不出我所料，席散只有這道「名饈」留下空盆，連搭配的肉絲、薑片也不見痕跡。這時除了我，每個人早心裡有數，知道自己吞吃了什麼。

「象鼻燜香菇，味道如何？」餐後，Kenny問我。

我如夢初醒，原來吃下脆爽可口的竟然是象鼻，心中不禁湧現了陣陣惻隱與不忍。

「哎呀！象鼻也當餐，罪過，罪過！」

「唉，你初到森林不知道，大象毀滅可可和油棕，當你見到樹倒果傷，就不覺得我們殘忍了。哪來甚麼罪過？」Kenny振振有辭反駁。

原來Kenny烹煮象鼻，在山寨早已成名。我是新客，大家怕我腸胃敏感，不是故弄虛玄。象鼻也能製成佳饈，居然有人想得出。

「海參有錢吃得到，嚐象鼻可機會難逢呀！」受保護的龐然大物，當然千金難求。我心想，但沒有說出口。畢竟我是一名新客。

　　長度高過人頭的象鼻，也不是整段都可以食用的；適用的部份，只有底下兩尺左右，肉質細柔，其餘部份硬化，很難煮得軟，不能食用。

　　象鼻這個「偉大」的食用發現，不是源自Kenny，而是另有「奇人」。他，就是名滿山寨的大象獵手，對付野象，一槍喪命！

　　他不過是山寨裡的雜貨店商，但卻是名符其實的神槍手。

大象的智慧

要將原始森林化為綠園，種植農作，所要面對的問題可謂汗牛充棟，罄竹難書。

開墾荒林是一項重要的環境挑戰，保護農作更是種植人長遠的投資；一旦農作遭受野獸踐踏、摧毀，所有的付出就化為烏有。這，除了金錢上的虧蝕，尚包括時間和精神的耗費。

幾乎所有的農作，都是群獸溫飽的獵物，當中如水果、木薯、番薯、可可和油棕，從種植至收穫，無一不是野獸覬覦的對象，裹腹的上選。

我任職的園坵，面積約二萬五千英畝，除了一部份開闢種植了油棕、可可之外，大片土地仍為蔥蔥鬱鬱的荒原，飛禽走獸窩藏的集中地。由於幅員遼闊，方便管理，分成五個發展區，因此有多位經理和副經理。維持和保護作物，與各類群獸鬥智角力，是我們共同面對的難題。月終的工作進展報告，每區各有一項「滅獸」記錄，列出獸名與數量；有關農作的受害損失，也一一備案，毫不含糊。

驅逐野獸的方法有好幾百種，獵槍和子彈，無疑是最有效和致命的方法，種植人最常用。我們山寨裡的經理，每位都擁有長槍和子彈，打野豬、獵羌鹿、射刺蝟；細小如松鼠、飛

禽，寵然如大象、黑熊，聽到槍聲就喪膽奔命。獵槍可說是耕
農的鎮山之寶，經常動用的防衛武器。

意想不到，這種武器在百般無奈之下，也用來對付龐然大
物的野象，而且經驗老到的射手，彈無虛發，一響槍聲，龐然
大物就倒地不起。

我們公司搭上發展的列車較遲，擁有的地段距離馬路六十
餘公里，靠近巴當岸江畔，真正是遠離塵世、深入蠻荒。當近
路周圍的土地已化叢林為良園時，我們還在篳路藍縷、築路造
橋，忙於建立基本設施，四面八方猶處於一片猿啼狼嘯、野獸
齊鳴的狀態。

尤其是野象，成群結隊，經常以沉沉的夜幕護航，侵犯我
們蒼綠的可可和剛下土的棕苗，飽餐之餘還將樹連根拔起。當
我們發現時，遺下東一堆西一塊的糞便，和深入泥層的渾圓大
腳印。

隱藏叢林中的大象與野豬、刺蝟等野獸，各有不同的生
活習慣。大象專吃林中的藤蔓、野棕櫚和樹葉，特別喜愛長刺
的矮灌木。所以大象的排泄集滿含刺的纖維組織，赤足走路避
之則吉，不然即中招。大象體形大，食量也驚人；同時又是群
居，因此不會長期窩藏一處，習慣一邊覓食一邊行走，在遼闊
的林間巡迴生活。是故，象群出現很有季節性和規律性，往往
會徘徊好幾天，驅逐唬嚇都走不遠，令人頭痛。但是，當牠們
離去卻又很久才捲土重來。

也因為大象週期性出現，更加難以防範。有園坵耗費鉅
款建設「電擊網」，在象群犯境地帶挖掘深溝，在溝邊圍繞

五條鉛線，利用太陽能把鉛線充電，大象接觸鉛線就遭電震（electric shock），驚慌逃避。在地廣園大的農莊，這樣的「電擊網」耗費龐大，卻也未必確保管用的。為了不危害到生命，電力的安裝有節制的，電震僅皮膚微痛，不傷身體，經過多次大象漸漸膽子就壯起來了，有的以巨腳踢倒圍柱，有的用長鼻子舉起樹幹，壓倒電線，然後長驅直入，在園裡安然享受豐餐，逍遙自在。

與我們隔鄰的油棕園，過半園地圍繞在電網內，卻不能完全遏止象群侵犯，除不時得維修遭大象破壞的網線，甚至還邀請我們山寨裡的獵手助陣，圍剿逞威的象群。

總之，絞盡腦汁，種植人對大象仍然十分顧忌，集體思索還找不出兩全其美的、一勞永逸的有效辦法。

來到風下之鄉，我才體會到，大象真的不笨！

驅象，血的戰役

一天早上，當我進入可可園巡視，幾名印尼女工垂頭喪氣向我投訴：「Tuan [1]，我們收採的可可仁被大象吃完了！我們辛苦了一整天，心血白費了。請你幫幫忙，看怎麼辦？」

她們個個異常激動，說完不禁一把鼻涕一把眼淚。

採果工人用長柄彎刀把可可割下、剁開，將可可仁一粒粒挖出，去渣，盛在塑膠袋裡，一包一包放在路邊，讓果仁自然發酵，翌日由拖拉機載回烘房，她們才獲得工資。

她們的遭遇，令我同情。但對這突發事件，卻一時想不到對策，只有模稜兩可地安慰道：「大家請放心，我會想辦法的，盡快想出辦法！」

其實用甚麼方法補救，我沒有想到。我們的工友採果，是計算果仁的重量，沒有基薪的；換言之，沒有可可仁等於沒有工資了，真的白費心血了。辛苦了一整天，沒有回酬，對工作的信心是極大的打擊啊！

午餐的時候，我將象群搗毀可可的事件向大家呈報，眾人一聽，個個磨拳擦掌，也有好些日子沒動槍桿了，靜極思動，於是決定當晚一起出馬，非把可惡的象群驅逐不可。

---

[1] Tuan是印尼人對上司的尊稱。

至於採果女工，則按工補償。

野象大白日習慣躲藏林間，將晚才出來覓食。那天下午放工回來，我們全副武裝，如臨大敵，個個都穿上綠色長袖衣和長褲，腳上長筒靴，分乘兩部開篷爬山車出發。四個人四桿獵槍，每人一枝八粒電池手電筒。Kenny和我同車，吳經理和Dadong一夥，由兩個印尼司機駕駛，空著肚子，浩浩蕩蕩地向大象興師問罪。

到了目的地，已快六點鐘了，山林的夜來得特別早，朦朧間但見空山寂寂，四野無聲，泥路上出現一堆堆灰色的象糞，還有深入泥層的大腳印。這証明我們沒有走錯地方，是我早上巡視的四號芭呀！怎麼無聲無息、全無動靜呢？奇怪！我反問自己。如果沒人騷擾，野象習慣上不會離開覓食地點，何況又嚐到了美味的可可。

「哦哦哦……哦哦哦……。」

忽然Kenny右掌蜷成喇叭狀，湊近嘴邊不停地吹，聲音高吭低沉，宛若大象嘶鳴。來到山寨數月，與Kenny共事，只知道他機靈古怪點子多，竟沒想他居然還有絕招——陣陣尖銳的象鳴劃過夜空，驚動山林。

野象常以鳴叫尋找失群的同伴。果然湊效，不到幾分鐘，「哦哦哦」的嘯聲一波接一波從附近傳來，像連綿不斷的訊號，告訴友伴這裡有享受不盡的饗宴；卻暴露了身份，陷於八方危機、十面埋伏！

我吩咐司機把車子轉向，循著聲音前進，在車燈照耀下，發現了新鮮的象糞和腳印，我知道找對地方了。繼續再走，終

於聽見了「啵啪啵啪」可可樹斷枝裂椏的聲響，接著是大象沙沙的腳步。

我們熟悉大象的習性，極少停住進食，都是邊咀嚼邊走，同時不時拉屎排溺。牠們用長鼻把食物放進嘴巴，慢慢咀嚼，鼻子又立刻尋找獵物，周而復始，以供應身體龐大的需求。長鼻子妙用無窮，可說是大象的「神手」，除了獵物，也用來撥開阻攔牠前進的障礙，可可樹斷枝裂椏就是長鼻子力拔山兮的「神手」的傑作。

從陣陣嘶鳴的叫聲推測，Kenny說這群大象至少有二十多隻，難怪破壞果樹的聲浪那麼轟烈。當逐漸趨近象群時，我叫司機把車燈調低，車速放緩。Dadong和吳同事的車子緊跟在後面，氣氛顯得愈來愈緊張，而夜色愈來愈濃。

發現象群，我們的獵槍遂裝上子彈，用的威力十足的單發一號。Kenny和Dodang是獵場老將，參加過無數次獵象行動，屢創佳績。出門行獵，通常要兩個人一組，一正一副，正槍手就是射手，副手作為防衛，萬一射手失準，野獸繼續衝來，這時就輪到副手大展身手了。

我當然是副手。對打獵我素來興趣不大，獵象更是處女秀，所以當副手資格還差很遠呢！我自升職擁槍，已逾十年，唯平日除了用槍聲驅逐偷嚐果實的猴子、果子狸、松鼠之外，極少特地出門尋找獵物。

漸漸靠近象群了，爬山車愈走愈慢，Kenny以手電筒對著發出聲音的可可樹照射，果然見到灰黑色的龐然大物，距離我們

不過百步之間；見到光亮，牠們依然淡定自若，沒有驚慌，更無逃意，仍我行我素利用長鼻攀捲可可與樹枝。

這時候，第一次出獵大象的我，情緒緊張，心跳加激，雙手擺出射擊的姿態。Kenny見了，連忙噓聲在我耳邊說：「別緊張，先讓我上場！」接著他從容地以左手食指緊扣長槍機扳，右手托槍管，眼睛瞄準大象，但按緊槍扳的手指仍然凝住，而我早心跳一百了！

再看看詭計多端、身經百戰的Kenny，好像無動於衷，我唯有強作鎮定，沉默不語，靜觀他如何出擊。

忽然間有兩隻大象從樹叢走出來，衝向我們。大象與野豬的習性大不相同，野豬發現人影立即驚慌四散，拚命竄逃；大象自恃身形龐大，不理天雷地響，總是慢條斯理、不慌不忙，顯露一派唯我獨尊的傲態。

踏出泥路的大象一前一後，愈走愈近。我們的爬山車停下了，等到走前的那頭距離我們約十餘尺之際，Kenny突然觸動機扳，「砰」的一聲巨響，子彈穿入大象腦際，只聽到「哦哦……」幾聲，龐然大物跟著前肢跪地、後肢不穩，身體躺臥在地下，再沒有掙扎，也沒有驚天動地的哀號。

我迷惑不解，一隻野豬，一隻山鹿，甚至是小小的飛鳥，在生命危殆之際，輕微或激烈都有一番掙扎，龐然大物的野象將進死亡竟如此安靜與怡然，令我驚奇，也叫我感嘆！

「砰」，正當我陷入驚愕之際，又聽到一響槍聲劃過夜穹，是Dadong發動攻擊，耳際再聽到「哦……」的聲音，我知道又有大象中彈了。這時候，象群開始驚動，放棄獵取食物，

三三兩兩成組走出低矮的可可樹叢，朝原始森林逃命，但步伐仍然沉穩有序，沒有爭先恐後、互相傾軋的行跡。

那種鎮定、從容不迫的撤離態度，萬物之靈的人類，也未必做到。

目睹這種情景，Kenny心急如焚，生恐大象很快在莽林中失去蹤影，急忙吩咐司機踏緊油門追上去，可是，方向轉變，對準槍口的不是大象屁股就是象體側面，這些部位容易中彈，卻不能一槍致命，所以這一刻只有防守；等到爬山車超越象群，我們才又轉身，Kenny又再以槍口對準大象頭部發難，「砰」地一聲，大象戛然止步，前腳頹然彎曲，然後軀體像一座小丘般伏下……。

我們兩支隊伍擊斃四頭巨物之後，Kenny意猶未盡，要趁勝追剿，當他摸摸腰間的子彈，發現單顆一號已用罄，散彈威力不足，難成大事，正想收隊回營，就在踟躕決策的當兒，一隻龐然大物竟然不知好歹，向著我們的爬山車衝來，就在千鈞一發的關頭，Kenny也顧不了許多，即以散彈向大象當頭射擊，這次龐然大物不只沒有應聲倒伏，反而繼續衝前來，作為後備槍手，在電光火石間我正想扣動槍扳，突然傳出「砰砰砰……」的連環槍聲，原來吳經理和Dadong反應比我迅速，兩人同時舉槍發射，這才遏止了大象的攻勢。

我驚呼了一聲「好險！」大家同時揑了一把冷汗。

被連串子彈擊中，龐然大物居然沒有倒下，只是步履蹣跚、體態微幌，轉身往森林一步一步走去。這時候，鮮血從牠的頭部、前肢、背脊和下腹，簌簌流下。

我從未目睹這麼多鮮血，一時愣住了。

「餓了，回寨晚餐吧！」我說。隨即擰熄了手電筒，吩咐司機開動引擎，朝山寨的泥路前進，也不理會同事意向如何。

那一晚，熄燈之後，我在床上，睜眼面著黑暗的天花板，滿腦海浮蕩著大象的影子，還有鮮血……。

二〇〇九年九月三十日重修於雙溪大年

叢林邊緣的火炬運動

　　對於油棕種植，野象的威脅可謂最大。其他獸類如刺蝟、野豬、猿猴、黑熊等，成長一年後的棕樹，已經減少傷害機率了。

　　一年樹齡的油棕，四方八面的葉柄長滿堅硬的銳刺，有防禦作用，使這些野獸無處下口。可大象則相反，特別喜歡選吃帶刺的植物，棕樹的蕊苞又甜且脆，兩、三年的油棕低矮，體高的野象用長鼻子一捲，就把整棵嫩蕊塞入嘴裡，慢慢地享受了。

　　所以，野象一出現，我們的頭痛病就跟著來了！

　　曾經記述過以「電擊網」防禦野象，那是高投資的工程，成本昂貴卻未完全湊效。那時候我們公司側重種植可可，油棕的面積不大，沒有把高昂的資金放在野象的防禦上。

　　野獸都懼火光，我們就曾經採用過火炬驅逐象群，也獲得一段平靜的日子。話說那天我巡視移種了兩年多的棕樹地段，發現很多大象腳印，而沿途的油棕蕊心被搗毀，有的東歪西倒，有的根斷樹折，點算之下，不得了，遭殃的竟達五十餘棵，野象有重復出現的慣性，若不馬上設法制止，勢必損失奇慘！

　　恰好那時禽獸保護官員經常突擊所有園坵，為怕麻煩，沒有人敢利用槍械來對付野獸，在無計可施之下，我們唯有改轅易轍，另出奇招，最容易的抵禦方法便是火炬。

　　於是馬上行動，當天中午，派了數名工人進入森林伐竹，專選成熟粗大的竹樹，砍了五十餘支，每支約六呎長，削尖了，在象群出現的邊緣地帶每隔二十呎就插一支。上端去掉竹節，將柴油灌入竹筒，把剪成小塊的舊麻袋塞進竹筒裡，那便是我們省錢耐燒的火炬了。

　　大部份野獸，都是晝伏夜出的，大象亦然。陽光亮麗的大白天，有園坵職員巡察，有工人走動，群獸都不敢明目張膽出來覓食，所以日間大家都安心釋懷。

　　那天，我們白天把「火炬陣」佈署完畢，便回山寨歇息，到了夕陽西下、暮靄四合時分才再出發，把竹筒逐支逐支點燃。森林邊緣與棕油園是一條筆直的山路，幾十支豎立齊整的火炬排成一線，燃燒之後形成「火炬陣」，甚為壯觀，變作叢林暗夜裡的一項奇景。

　　那時萬籟俱寂、四野無聲，只有無處不在的蚊蚋把我們當作不速之客，不斷向我們耀武揚威，刺手叮臉。火炬點燃後我們沒有離開，而把車子停在隱蔽處，熄燈靜候，觀察野象現形的動靜，因為我們對龐然大物畏懼火光的傳言，仍存疑慮──成群結隊的大象，會對那一炷炷的光亮有所顧忌嗎！

　　這時刻，我們都在靜寂中尋找答案。

　　夜色漸深，空氣也漸涼了。大家都沒有開腔，只有在車上靜守象群的蹤影。那排火炬續繼燃燒，火勢雖然沒有用汽油作

燃料那麼強猛，且排出嬝嬝烏煙，好處是慢火可以延長火炬的生命——幾十支火炬，若不時要添加燃料，對我們是一種沉重的負荷。

——咇咇啪啪！

——咇咇啪啪！

叢林裡果然傳來聲音了。以噸位計的軀體，笨重且龐大，穿越長滿灌木叢的林野，那沉重的蹄響此起彼落，在靜夜裡遠遠就可以聽聞。

正當聲響愈來愈近之際，突然傳出象蹄頻密的竄跑聲，彷彿受到驚嚇，一面還發出「哦哦哦……」的嘯鳴，聲震山岳，四野迴響。但是，蹄聲很快就消逝，嘯鳴聲也愈來愈小，証明火炬發揮了效應，象群折返森林了。

周遭很快又沉寂下來。

那晚我們守到半夜，再也沒有任何動靜。於是我們為每支火炬添滿柴油，哼著輕快的調子回寨，彷彿是戰場上凱旋歸去的將領！

野象沒有遭受傷害就跑回森林，油棕平安成長，確是一場無比光輝的戰役！

誘捕大蜥蜴

　　大蜥蜴，我們普遍上叫它四腳蛇。其實，大蜥蜴不屬蛇，而是一種水陸兩棲的爬蟲類，為鱷魚的遠親。

　　大蜥蜴也分兩類，有棲身河流沼澤和陸地森林兩種，前者外皮斑斕、紋理華美，是製作腰帶和皮包的上等素料，成為人類捕獵的對象。陸地的大蜥蜴全身灰褐色，外表缺乏光彩，但肉滑鮮美，是饕客們稀有的野味，因此招引殺機。

　　其中印裔最愛此物，他們心目中雞鴨不比四腳蛇。若發現四腳蛇，必窮追不捨，向水入水、向樹爬樹，不到手不肯罷休。

　　從前在膠園裡任職，工友過半是印裔，大蜥蜴一出現，他們就放下手中的膠刀，圍剿獵物。蜥蜴逃跑不快，尤其飽餐之後，它最大的本領是爬樹，越爬越高，這正中了印裔工友下懷。等到蜥蜴爬到樹梢，靜止不動之際，工友才慢條斯理追上去，大力搖晃樹幹，「啪啦」一聲，大蜥蜴應聲掉下，難逃魔掌，慘遭五花大綁。

　　後來，膠林裡再也找不到四腳蛇的蹤跡了。

　　大蜥蜴肉質清甜，我小時候曾經嘗過，尤其是加入雞肉和中藥，慢火清燉，是難得的補品呢！

　　風下之鄉的大蜥蜴，不但多，而且體型大。不只山林成為它們活動的天地，連山寨周遭也有它們的蹤跡。也許山中林野的珍奇動物獵之不盡吧，山寨的職工誰也沒對大蜥蜴動過饞念。

　　久而久之，形成大蜥蜴肆無忌憚，竟然召集群眾，悄悄潛入我們的魚塘捕魚當餐，把我們飼養了將近一年的筍殼（也叫林哥）和非洲魚，吃剩寥寥無幾，使到同事們的一番心血付之東流。

　　地盡其用，李總希望園圻的每寸土地都投入生產。我們的山寨後面是一個低谷，周圍零零落落種植了榴槤和芒果，最低處挖掘了兩個池塘，一個放非洲魚，另一個養筍殼，每個池塘分別培育著五千餘條魚苗。預算一年過後，我們即可自給鮮魚，不必出城買魚了。

　　想不到大蜥蜴卻捷足先登，領先我們嗜到鮮魚的美味。

　　某日放工後，我踱步魚塘，巡視那些新種在塘邊的芭樂，突然「啪拉啪拉」聲響，魚塘另一邊傳出一陣動物竄逃的聲音，塘邊野草叢生，看不清楚究竟是什麼。通常捕魚高手不是水獺，便是大蜥蜴。只有這兩種傢伙被譽為水中怪物，又愛魚如命。

　　我急忙走過去，發現魚塘水色混濁，知道有魚遭殃，塘邊泥淖有動物爬過的跡象，從泥印痕跡我就辨出是大蜥蜴，因為水獺的趾間有蹼，蜥蜴沒有。

　　光天化日下竟敢來侵犯，準是活得不耐煩了！可是，日間我要工作，總不能為了蜥蜴而整天守住魚塘，直到星期日我約了Kenny一起荷槍攜彈，準備向大蜥蜴宣戰。守候了整天不見有

甚麼動靜。太陽下山了，正要收隊之際，忽聞窸窸窣窣的聲音打草叢間傳來，不久果然見到兩條龐然大物滑下魚塘，但距離我們的視線甚遠，魚塘又有水草覆蓋，只見波紋晃動，卻見不到蜥蜴的蹤影。

我們兩人悄悄趨前，以便可以瞄準目標，不料走不到十步，就驚動水中的蜥蜴，遊到魚塘對岸，「啪拉啪」幾聲，鑽進高高的蘆葦叢裡，等到我們追趕上去，它們早已消失得無影無蹤了。

我們只有垂頭喪氣、沒精打采的望著那片蘆葦叢發呆。

大蜥蜴獵不到，對魚池裡的魚更加擔心。不久後，我在山打根辦事，遇見一位同業，提起這件煩惱的事。

「捕四腳蛇嘛，十分簡單，根本不必動用槍彈！」他面授機宜，我茅塞頓開，總於把大蜥蜴捕獵殆盡，消除了魚兒的大敵。

首先，我囑菲傭廚司把雞鴨的內臟保留起來，發臭後用來作餌。再叫工友搬了兩個大油桶，分別安置在魚塘邊岸。油桶一邊開蓋，直立擺放，將雞鴨內臟倒入桶內，桶口架一支木板，作為大蜥蜴入桶的「橋樑」。

大蜥蜴性喜腐物，嗅覺靈敏，聞到臭味就爬上木板，跳進油桶大吃大嚼，沒有想過如何逃生。四呎多高的鐵桶蜥蜴自然無法爬出，終成甕中之鱉，任由宰殺。

更為可笑的是，蜥蜴見到同伴在桶裡飽餐享受，也縱身一跳，想爭一口「美味」，不知道油桶竟是一個「能進不能出」的深潭陷阱。

　　第一天，兩個油桶分別跳進兩條蜥蜴，共獲四條。接下來幾天，我重施故技，大有收獲。捕獵了十多條之後，再也不見大蜥蜴出現了。

　　以油桶誘捕大蜥蜴，不費一槍一彈，不只操作簡單，而且效果奇佳，值得嘗試。

獵豬傳奇

沙巴叢林裡白色的野豬。

狩獵野豬，辦法多如汗牛充棟，最原始的莫過於挖掘陷阱。

孩提的時候，我看過父親和朋友採用陷阱獵野豬，常有收獲。四十年代還沒有重型機器，甚麼工作全靠人力。他們進入叢林，尋找野豬經常走過的「路徑」，動用鋤頭和鐵鏟，挖掘幾個約六呎深的洞穴，洞口架上縱橫交錯的木條，鋪上棕櫚葉，再撒上一層薄泥沙，部署得如同原來的環境，免野豬起疑。

為了引誘豬群，有時也在陷阱周圍拋擲一些木薯和番薯；還可削尖竹筒在泥路上復制蹄印，加強野豬辨路的信心。野豬

饞食，一見食物即爭先恐後奪吃，容易失足。野豬墜落深穴，成為甕中之鱉，任由處置了。

所以，有時候一個洞穴裡有三兩隻豬「哦哦」哀鳴，那是預告豐收，獵人喜上眉梢。

除了陷阱，趕豬籠、山豬吊，也是簡單而原始的獵豬法。趕豬籠用的豬籠與運輸豬隻所用的有別。運輸豬籠成長方形，趕豬籠平扁，用野藤編織，每次趕豬起馬要用二、三十個籠，豎立排列；同時要豢養一群訓練有術的獵犬，作為得力助手。

捕豬之前，先將豬籠和獵犬送到野豬出沒的荒林，豬籠排成陣線，以木條撐立，然後放犬進入林中。獵犬嗅覺靈敏、行動巧捷，一面狂吠一面尋找，一但發現獵物，獵犬懂得把野豬趕向豬籠陣，慌恐急促下豬群不辨方向，搏命奔竄，一頭栽入豬籠，四腳插進「籠眼」，抽身不得，愈是掙扎豬籠愈縮緊，最後弄得四腳朝天，眼睜睜地任由獵人擒拿，連豬籠一起扛走。

還有山豬吊捕獵也極普遍，被獵人利用的歷史也很早。現在，挖陷阱、趕豬籠早已絕跡叢林，被現代的獵人遺棄了；可是以豬吊捕豬，依然在獵槍子彈夾縫中廣泛引用，成為今天最廉價簡單的獵豬法。

山豬體重且氣力大，將一隻山豬吊起來一定要用鋼索。鋼索粗如筷子，約四呎長，綁一個活結，另一端縛在一支富有彈性的灌木條，插入土層；活結按於鐵蓋上，以枯葉覆蓋著，底下掘小坑，豬腳踏下去被活結縛緊，木條迅速彈起而將豬活活吊起來。山豬四腳騰空，無論如何掙扎都難逃噩運。

時尚的狩獵是動用槍彈，效率奇快、乾脆俐落。一顆子彈足令野獸驚魂喪膽，即使龐然大物如野象，也逃不過槍彈的追殺呢！

可是，真沒想到，在風下之鄉的叢林裡，不用槍彈、不用挖坑掘穴、不用趕豬籠、更不用鋼索縛結，都可以獵到野豬，而且數量驚人！

有一天夜裡，司機從鎮上載貨回到山寨，貨物未卸下就氣呼呼地跑來宿舍，向我報告：「Tuan，我在山路上撞死很多隻野豬，下完貨物我趕出去載回來，幾天也吃不完了！」

我半信半疑，反問他：「很多？究竟有多少隻？」

「天黑暗，看得不很清楚，應該多過五隻。」

汽車一次撞斃這麼多隻豬，雖覺得難以置信，但當我看看Land Cruiser前面堅硬的防撞桿毀不成形，就知道撞擊的力度不小。把車輛當獵器，正要出口罵他笨蛋，忽然Kenny從旁衝出，說道：「趕緊下貨，我們去把豬統統載回來！」

懷疑歸懷疑，我也和Kenny存相同心理，去看個究竟，以釋謎團。於是我匆匆取了手電筒，Kenny肩掛獵槍，我們一起跳上越野車出發。

出了山寨，都是左轉右拐的黃泥路，一路風沙飛揚。車行了十多公里，司機減低時速，接著煞停。

「就是這裡。」司機說。我們下車後，我扭亮手電筒東照西照，發現路邊果真有好幾隻野豬，橫七直八堆疊著，顯然奄奄一息、一動不動了。我正在驚奇莫名，忽傳來司機的叫聲：

「照看路的另一邊，還有幾隻。」

　　我按照指示，果然還有幾隻豬屍，有大有小；有的頭部還溢滿鮮血，有的雖然不見傷痕，卻也動彈不得了。我們逐隻點算，遭車撞斃的豬一共是七隻。Kenny吩咐工友把豬隻拖集一處，抽出腰間的長刀，往豬的咽喉刺進去，暗紅的血液飛噴而出。

　　豬死後必須「放血」，不然肉色會變暗紅，影響品質。

　　夜色漸深，我們幾個人連忙把豬隻扛上車。收獲是一種喜悅，而喜悅把車輛撞毀的損失淡化了。司機猶樂滋滋地訴說他以車獵豬的的經過：

　　原來司機回程時，一群野豬毫不知趣，猶在悠哉悠哉橫過泥路，司機踏盡油門，對著豬群向前猛衝，野豬轟然倒下，只發出幾聲哀鳴即成為車下亡魂。

　　另外一次更加意外，鋸樹工友開荒，一棵枝粗葉茂的大樹轟然倒下，跟著聽到豬隻的慘叫聲，他們連忙跑去搜索，竟然有五頭野豬遭殃，死的死傷的傷，結果一起用車載回山寨裡，被剁成餐肉。

　　一輛車撞斃七隻野豬，連獵槍都難締造的奇蹟，簡直像一則神話！而大樹壓死多隻野豬，也是奇聞。這說明風下之鄉的叢林裡，野豬真多如過江之鯽！

二〇〇九件十月6日重修

驚天動地的黑蟻兵團

　　大多數人心目中，對螞蟻都不會存有好印象。尤其是啃蛀棟樑橡柱的白蟻，無不恨之入骨、滅之而後快。

　　一棟優雅扎實的房子，可以防風避雨，卻難防白蟻，因為白蟻之來，常常是從泥土直接蛀入棟樑，在內層生存繁殖，當你發現時，樑木早已搖搖欲墜、內空外虛了。如果沒有把白蟻消滅殆盡，憕憕然換上新樑，不消半載，又重蹈覆轍了。

　　而婦女最恨小火蟻。小火蟻幼小到肉眼幾乎看不見，卻無處不在，尤其喜歡在廚房裡覓食，成群結隊在瓷磚的縫隙間優遊爬行，見魚吃魚，遇肉食肉；稍微不慎讓小火蟻鑽入你的糖甕裡，整甕糖就淪為「雞筋」了。

　　長期以來與我作對最多的是黃羌蟻。黑斑蚊般大小，全身黃褐色的黃羌蟻，喜歡以樹葉蜷成球形作窩，稍聞驚動，就會傾巢而出，向目標攻擊。童年時候在鄉野採摘芭樂，長大後在橡林裡巡視工作，不時吃到黃羌蟻的苦頭。它那種觸到人體死咬不放的氣量，比荷槍實彈的敢死隊還要神勇百倍；幸而牙力有限，其痛可忍。

　　來到風下之鄉，我才領悟，原來在螞蟻的世界裡，也是一山還有一山高。假如螞蟻相爭，白蟻、黃羌蟻根本不是這裡

黑蟻的對手。黑蟻並非全黑,而是黑中帶褐,大小與黃羌蟻一樣,只是頭部那對黑牙尖銳無比,它們既不蛀樑也不嗜糖,專啃吃生物。

初臨沙巴,以為荒野林間只要提防野獸就安然,而忽略了小小的螞蟻,匿藏在枯葉底下生存的一群。

這種黑蟻,不只在荒林出現,蹤跡還遍及可可油棕園,蟻窩從未見過,卻不時見到它們在可可掉落的枯葉間行走,隊伍整齊得像儀仗隊一般,步伐一致地向目標挺進,沒有掉隊,也沒有爭先恐後,彷彿是久經訓練的士兵正在接令出征,英姿風發、鬥志軒昂。

有些螞蟻列隊走動,舉著米粒般的蛋卵,我們知道它們在搬家。但弔詭的是,我從未在黑蟻隊裡發現過蛋卵,所以我臆測那可能是遠征的兵團,不是挑戰仇敵便是掠奪食物。

黑蟻可怕,因為它們的食物是生物。

吸血的蚊子可怕,小若蚊子的黑蟻茹毛飲血,當然更加可怕。

還是細說從頭吧!我在山寨落腳後,翌年妻子也搬來同住,白天我巡園入山,她獨守板樓,為了排遣寂寞,她說想養雞鴨,我於是吩咐木匠釘個雞寮,到鎮上買了十多隻小雞,把它們安置在樓底一角——不敢把雞寮放遠,預防山野禽獸肆虐。

餵養飼料的小雞成長迅速,兩周後已似鴿子大了。妻子走近雞寮,它們就不斷地嘰嘰索吃,活潑可愛。

有一天半夜,半醒半寐中忽聞小雞淒厲的叫聲,夾著掙扎撲跳的雜響,我心知不妙,卻以為是野狼或果子狸來偷襲。

急忙叫醒妻子，拿起床頭的手電筒，大剌剌地下樓，卻不見任何動靜，照射雞寮，這才大吃一驚，成群結隊的黑蟻，向小雞作排山倒海式的攻擊。寮裡的蟻群已密密麻麻、積疊成堆了，雞寮外的後備軍有如千軍萬馬，揚戈張弩、兵分幾路擁擠攻城——繼續井然有序地爬上雞寮。

再看看雞寮內，小雞身上不是毛茸茸、而是黑壓壓蠕動的黑蟻，眼睛、耳朵等不長毛的部位更是蟻群攻擊的對象。正在被纏咬的小雞有的仍感感哀鳴，有的已癱瘓倒下，但蟻群繼續追擊，啃吃其屍，旁邊還有幾具小雞骨頭，血肉遭黑蟻啃得一乾二淨的骨頭！

可怕的是，黑蟻兵隊並不因為我的出現和手電筒的亮光而避忌，依然像視死如歸的勇士，猛烈向掙扎但欲逃無門的小雞繼續展開攻勢，那種群體一致的殺傷力，見之不禁令人不寒而慄！

小雞被兇悍的黑蟻蠶食殆盡，妻子索性放棄養雞的計劃，以為自此永保安寧了。豈知不到幾個月，有一天晨早五點鐘，她起床為我準備早餐，突然聽見她從廚房裡發出呼痛的驚叫，然後是一陣蹬蹬跳跳的腳步聲。

「哎唷，不得了，黑蟻爬上樓來了！」

我一驚，即刻跳下床，按亮了所有的燈盞一看，黑蟻兵團這回竟然變本加厲，登堂入殿了。上回雞寮受襲，我火燒蟻團：把舊報紙蜷成圓筒形，點燃後擲入雞寮裡，火亮的報紙一團接一團；妻子則專攻雞寮周圍，裡外夾攻，燒到隻蟻不存，以釋我們的心頭之恨。

　　但是，這回火攻不能再用了。整座宿舍架構全是木板，板樓忌火，我一時躊躇不定，沉思了好一陣子，終於想到熱水。等妻子的電鍋發出水沸聲，我穿著膠靴，整間廚房包括板壁，作地毯式的沖洗。夫妻倆一人煲水一人燙蟻，搞到天亮才鳴鼓收工。

　　那次掃出來的蟻屍，足足有一公斤。想起那兩場與黑蟻兵隊的戰役，如今仍心有餘悸呢！

走進風下之鄉
——沙巴叢林生活記事

輯二

養能言鳥的趣事

善學人語的九官。

　　有言語天份的禽鳥好幾種，最深為我們熟悉的是鸚鵡。

　　這種羽翎青紅、青白、紅白相間，喙短鉤狀的禽類，從古迄今，是在文學詩詞中出現最多的飛禽，足見鸚鵡受歡迎，源自遠古。另外一種八哥，也有語言能力，不輸鸚鵡，喜歡在鬧市的椰樹上群居，灰褐色的羽翼，體態外貌上自然難與鸚鵡一決雌雄。八哥往往成群結隊，數量一多，就顯得平凡了。

　　來到山寨，看見有些印尼工友門前掛著鳥籠，飼養一種深黑色的鳥，羽毛像烏鴉一般，沒有什麼特色，心裡不禁納罕。

某日想到要買幾樣日用品，便到山寨裡唯一的雜貨店，未進店門，忽然聽到幾聲：

「老闆在裡面，老闆在裡面，老闆在裡面！」

抬頭一望，木樑間吊著一個竹筐，中間站著一隻鳥——與印尼工友掛在屋前籠裡的鳥一樣，只是這隻被馴服了，沒有被關在籠子，只站在竹筐的枝籐上，一腳仍然絆著一根短繩，卻全然不怕陌生人。

原來開口歡迎我的非店主，竟是一隻鳥，一隻看來並不起眼的鳥。

買完貨品，與店主聊起門前那隻鳥，原來叫burong tiong，是森林中稀有的鳥類，為避獸害，常在高大的樹叢間結窩產卵。臨走時，我還趨前對那隻burong tiong仔細看看，發現牠雖然全身羽毛漆黑，但卻像公雞一般，頭頂上生長一朵紅冠，下垂的雙耳深黃，喙嘴與普通飛鳥無異。

店主這隻burong tiong，除了會講「老闆在裡面」，簡單的話如「Good morning」、「你好嗎？」、「謝謝！」、「再見」，都學得通順流利。

其實這種鳥很有模仿能力，根據店主說，因為下午放工後，很多工友聚集在店前閒聊，那隻鳥聽多了，居然能夠學會簡單的應酬話。

這麼聰明靈巧的禽鳥，我極想知道牠的中文名，可是，問了很多人，大家都搖搖頭。後來我到山打根辦事，在火船頭街周梅艷女士的鳥店裡，看見了burong tiong，才知道這種鳥原來叫九官。周女士從台灣遠嫁到山打根，擁大學學歷，博學多

才，在根城一所中學教舞蹈，餘閒則在鳥店幫丈夫，寫得一手好散文，曾獲多屆全沙巴徵文比賽散文冠軍獎。

果然從她的口中，獲悉能言鳥的中文名，心裡不禁萬分高興！

＠　　　＠　　　＠

在山寨裡，Kenny是經理中具有多方面興趣的一位，除了養鬥雞、黑熊、狗、果子狸，我未來山寨前他還養過一頭小象，每天放工回來，小象一見他就哦哦迎接他，可惜小象後來竟病死了，與我緣慳一面。

看見那麼多人養能言的九官鳥，Kenny那裡有不心癢之理？只是異種難求，沒有機會發現鳥巢而已。

一天午後我放工回來，Kenny在忙著餵鳥吃豆腐，我一看，竟是一隻羽毛未豐的九官，Kenny心中渴望已久的寵物。他雖然年青體壯，但量他也沒有攀樹捉鳥的本事，我猜他不知是從那個工友手中弄過來的。

九官鳥結巢的大樹，通常都高達百餘尺，幾人才能合抱，不易攀爬。我見過一棵每隔兩尺就釘上一支木枋的大樹，從樹根一直排到樹頂，查問才知道是印尼工友攀樹捉鳥的「天梯」。我一望高度即心寒了，為了一隻小鳥竟然有人寧願冒犯賠命風險，可見能言鳥的引力了。

九官屬一種雜食鳥，昆蟲、豆腐、飯粒、番薯……無所不吃，所以容易飼養，也容易馴服。不到兩個月，九官便能飛善

唱了，鳥主人Kenny興奮得不得了，身為單身漢的他，吃飽沒事
就訓鳥學人話，從「早安、謝謝、你好、不要、我要」等簡句
教起，足足教了一星期，那隻九官總是「啾啾啾」，只「講」
自己的鳥語，使到Kenny垂頭喪氣、一籌莫展。

教足一個月，那隻九官依然故我，似無改變。直到有一
天，Kenny生氣了，竟對他的寶貝粗聲大罵：「死仔包，教死都
不會！」

Kenny罵完轉過身，正想走開，忽然背後傳來兩聲：

「死仔包！死仔包！」Kenny一聽，氣得頓腳捶胸。不想能
言鳥一開竅，講出的竟是罵人的粗話。幾個站在一旁的同事，
卻禁不住拍手大笑。

常聽人言：粗話易學，在禽鳥的世界裡，難道也一樣嗎？
真不愧是「不鳴則已，一鳴驚人！」

河畔溫馨的夜晚

　　我永遠銘記心中，那一個充滿溫馨的夜晚，在河畔。

　　我們在河畔網蝦摸魚。那一條是風之鄉最長、也是最大的河流，一年到頭江水泱泱，雨季裡河水澄黃，旱季裡淺黃，終年沒有清澈過，卻四季不斷出產肥美的巴丁魚、白鬚公，還有大頭草蝦。

　　那條河叫Kinabatangan河，浩浩蕩蕩地流經我們的園地。因為山路崎嶇，雨季泥濘的日子，長河就成為我們通往城鎮的路──除了有汽艇，我們還擁有一艘舯舡，兼有水陸兩種交通工具。

　　那是一個仲夏的初夜，月明星稀，山風颸颸地從對岸的叢林裡趕過來，婆娑的月影撒落江面，波紋起伏間時而泛起銀光。

　　我們帶著兩張魚網，幾條釣竿，一起擁到河畔，在這麼一個充滿詩意的夜晚，所有的經理和副經理全到齊，領隊的是外號「包青天」的李總，今夜一反常態，與大家嘻哈嬉笑。

　　也許該感謝潘博士，這位可可的病理專家，她領帶了三名大學女學員來我們的可可園體驗生活，為使她們將來不會感到叢林工作孤寂沉悶，於是逐想起河畔網蝦釣魚的點子。我們就從中受惠。

山中歲月，總是早睡早起，所以晚餐後慣例是各就各位，回返自己的窩居。可今晚很特別，餐後李總吩咐大家準備車輛、手電筒、魚網和釣竿，全體出動，到河畔去展示捕蝦垂釣的本領。

於是我們在月光的護送下大剌剌親臨河岸。

平日李總統領三軍，指揮若定，威風八面，但今夜的焦點顯然沒有落在他身上，也非學富五車的潘博士身上，而是圍繞在她身邊的三名女學員──兩名華裔，一名印裔。荳蔻一般的年齡，丁香一般的笑靨，柳條一般的身影，成為今夜所有男士眼眸的聚點，特別是那幾位風華正茂的單身貴族。

河畔簡單的渡頭，除了汨汨的水聲，周遭寂靜，公司的舯舡和汽艇隨波輕蕩，我們的出現更改了月夜渡頭的氣氛，使沉澱而凝固的夜蕩漾起來、活躍起來。在大地蒼茫、曠野深深的江岸，今夕何夕，竟有幌蕩如歌的人聲月影！

Kenny一馬當先，跳上汽艇，左手捉繩，右肘挺網，向江面一拋，從魚網旋開的弧度窺出他並非出色的網手，但隊伍中比他更標青的似乎難找了。魚網沉底之後，Kenny略為沉著，然後徐徐往上拉動。每個人都挺住呼吸，眾人眼眸的落點全在線網上。

魚網剛抽離水面，所有電筒的光圈隨即排成一個聚點，只見四、五隻大頭草蝦成為網中囚，但卻不願就此作罷，不停地撞撲蹦跳，作生命最後的拼搏。當然，都徒勞無功，一齊進入了囚籠──我們帶來的竹筐。

「繼續努力！繼續努力！」一陣歡呼，是勝利的尖叫，由河畔的渡頭蕩開，向平闊的四野散發，與晚風融成一闋無題曲。

　　平日沉默的Shamugam，今晚一反常態，不時與膚色相同印籍女學員交流。擁有印度大學種植、工商管理雙重學位的他，雄姿英發，今夜只有他與Kenny最有資格爭奪花魁，心向明月，顯露心跡。

　　在大家的推擁下，Shamugam終於向Kenny看齊，也提起了魚網，站在汽艇上試拋。不知是魚網過重，還是汽艇動蕩，在他拋擲魚網的同時，一個踉蹌，Shamugam連人帶網同步墮河，「撲通」一聲，但見水花四濺，人網俱沉，沒入了水中。

　　與此同時，女學員發出了驚呼，驚慌裡有憂慮，惶惑中有不安，站在汽艇的Kenny反應迅速，轉身一撈，卻是空手。大家正在驚慌失措間，Shamugam忽然浮出水面，一手拂去臉上的水珠，另一手牽著魚網的絲線。

　　在危急的時候，他居然沒有徇私，忘記魚網。於是一陣呼叫，接著是不斷的掌聲，「啪啪啪啪……」。受到鼓舞，成了落湯雞的Shamugam奮發圖強，爬上汽艇，抖了抖手中的魚網，換個方向，再向河面撒落，然後慢慢地往上拉動，魚網嘩啪不停顫動，似乎十分沉重，拖到艙面時大家禁不住一陣悸動，網中除了大頭蝦，還有多尾白魚。魚蝦出網後不停蹦跳，月色清明下魚鱗閃著耀眼的銀光。

　　又是一陣歡呼，充滿收穫的喜悅，和白天忙碌後心情任性的紓放！這是一個月明星稀的夜晚，曠野無聲，萬籟俱寂，而河畔渡頭的一隅，猶在蕩起陣陣溫馨的夜語，彷彿是謐靜荒林裡的夢囈！

　　十多年後的今天，那夢囈依然鮮明而餘溫猶存，那場景也成為我今天不斷咀嚼的記憶。

靈犬大戰美猴王

猴子最令可可耕農頭痛。

　　無論那一種果實，都免不了成為鳥獸覬覦的美食，熟時黃
澄澄的可可與油棕，自然沒有例外，野象、山豬、刺蝟、松
鼠、黑熊、猴子、果子貍、山鼠……，全是我們需要面對的
天敵。

　　在森林邊緣從事農耕，有一半的心血是消耗在與野獸的角
力鬥爭。雖說人類是萬物之靈，奇謀策略千變萬化，驅象可以
用電殛，滅鼠就飼養貓頭鷹，捕刺蝟造鐵籠；但是，有時也難
免「黔驢技盡」，窮於對策。

一次，我們就為成群結隊的猴子而絞盡腦汁。在例常的經理會議上，例為主要的議題。我們的可可區邊緣是一片原始叢林，野獸活動的天堂，其中破壞性最大、同時又是每天出來眷顧可可果實的，竟然是地面空中都可來去自如的猿猴。

那群深黑色的長臂猿，長尾巴白眼圈，超常靈活，三幾個起落便消逝得不見蹤影了。不過，黑猿的數目不多，而且十分膽小，追蹤一次，就嚇得好幾月不再出現了。黑猿還有一個特性，喜歡匿居在罕少人煙的叢林深處，偶然才出來可可園覓食，對果實的威脅有限。

叫人頭痛的是灰猴，招友引伴、成群結隊，每隊大大小小起碼算百隻，不常變動居所，尤其當發現了長期「糧食」之後，更加懶著不走，即使槍殺了三、五隻，整群依舊在鄰近躲躲藏藏，不會逃避，有時隔天又來侵犯，周而復始，循環不息。

也曾試過用鐵籠誘捕，但幾次之後，頭腦靈活的猿猴便不再上當了。可可樹上那麼多熟透的果實，牠們也犯不著鑽入鐵籠子去冒險。有人出過「妙計」，將捕獲的猴子塗上紅漆，放猴歸山，讓其族群見而生畏，亡命潛逃，卻也是一時之效，不久園裡又見地上處處是見之心痛的空果殼了。

我們曾做過記錄，一天被猴子採摘的可可高達幾百顆，黃澄澄的採光了，連青澀的果實也照吃，所以森林邊緣的果樹終年成為猴子美食的供應廠，不曾有過收穫。

那天的研討會，過了中午還沒有找到圓滿的解決方案。剛好那時我工餘無事猛啃吳承恩的《西遊記》，知道美猴王齊天

大聖大鬧天宮，八十萬天兵都非其對手，但卻害怕二郎神，更怕二郎神身邊那隻「哮天犬」。

我靈機一動，半開玩笑地說：「《西遊記》裡神勇無敵的猴王見了哮天犬就退避逃命，猴子既然怕狗，我們不如養一群狗試試吧！」

「好提議，值得一試！」大家聽罷，齊聲叫好。其實，我不過隨口而出，能否有效，全無把握，沒想引出那麼強烈的回應。

狗雖然沒有能力撲殺猴子，但肯定會追趕猴子。於是，不到幾天工作便展開了。我們在猴子出沒的邊緣每隔一段距離搭一間狗寮，不單只是為畜生遮風避雨，更重要是在白天將牠們關起來，不讓牠們四處闖蕩，或跟隨採果工人回山寨。

搭狗寮不難，不到兩天便大功告成了，但突然間要去那裡找幾十隻小狗呢？山寨裡四處倒見到不少流浪狗，可是要牠們「移居」山林，肯定難以馴服，所以唯有從養小狗著手。小狗自幼相處，長大後才能和平共濟。

猴子數目多，而且猴王體形高大，見人尚且齜牙咧齒，所以狗有伴相隨始能壯膽，發揮效力，獵犬都是四、五隻一群，把豬趕得團團轉。我們每間狗寮安置五隻小狗，費了幾個月才把所有的狗寮填滿。

小狗成長迅速，食量也愈來愈大，廚房裡平時的餘飯殘羹已不以應付，得另設部門專理。勤奮刻苦的印裔職員Raju，風雨不改，每日清晨巡園時摩多後座總載著一大包狗餿，逐間狗寮派送，每日兩次，星期日也照常。

　約過了六個月，小狗長大了，森林邊緣的犬吠聲，此起彼
落，猴子的影子開始稀落。偶爾見到牠們在高聳的樹叢間跳來
跳去，卻不敢抖膽躍下低矮的可可樹。

　有一個周日，我駕車到園裡巡視，想到那群長居林野、
勞苦功高的「愛將」，於是車子朝向森林邊緣駛去，忽然聽到
一陣猛烈的犬吠從附近傳來。我加快速度，終於目睹一場猴犬
對陣：

　　四隻靈犬正圍著大群猴子汪汪狂吠。其中一隻猴王體大
　　如猩猩，揭起猩紅的尾部，張牙舞爪，威風八面地環顧
　　四方，與眾犬對峙；牠每嚎叫一聲，所有的猴子跟著咧
　　齒高嚷，一呼百應，一時猿啼犬吠，把原本寧靜無聲的
　　林野掀起連綿不絕的嘈聲。

　看來雙方已糾纏了好一陣子，但仍舊不分勝負。猴王以
大樹作掩護，不時跳下地面向圍攻的犬隻突擊，但似在聲張虛
勢，當眾犬衝擊時，牠就縱身一跳，爬到樹上，頭下尾上，叫
聲更響，與樹下犬隻繼續「罵陣」。

　我沒有走近現場，想靜靜觀看「戰情」的變化。就在這時
忽聞「嘩啪」一聲，有隻小猴隨枯枝摔下，眾犬一見即刻轉移
目標，集體向小猴追去，猴王也反應迅速，隨後趕上，一隻看
似救兒心切的母猴也同時出現了。一場真正的猴犬大戰剎那間
就在森林裡揭幕。

「嚎嚎」的猴啼與「汪汪」的犬吠，比先前更加猛烈，彷彿是一陣穿林越野的暴風雨，震盪了整片荒原。不同的是，暴風雨會連綿好久，這場戰事幾分鐘就休鑼息鼓，各就各位。小猴最先脫險，重回樹上，猴王、母猴退入叢林，失去蹤影；我們飼養的四隻靈犬，有兩隻像三腳貓一般跳著回到狗寮，幾星期後才恢復元氣……。

我獲得一個結論：幾分鐘內即終結的戰爭，絕不會是人類的戰爭。人類的戰爭，經年累月，甚至幾百年。

車陷泥潭的救星

　　二十年前，風下之鄉的油棕、可可業，正待開發，大部份園坵的道路，都是風來塵揚、雨來泥濘的土路，除了放緩車速，還得處處小心謹慎，以防萬一。

　　所以，我們的四輪驅動車，無論是平日巡園或出入城鎮，經常都放著一條鐵索，遇到車輪打滑或埋車時可以應急。但是，一條鐵索並不代表萬無一失，在人煙緲茫、車影稀落的荒原野嶺，有時也喚天不應、呼救無門。

　　你只有望著手中那條繩索發楞。

　　四輪驅動車雖有攀山越嶺的功能，唯遇到數尺深的泥潭，也有「欲拔不能」受困的時刻。我就曾經有過多次棄車徒步幾公里回家的記錄。那種既渴且餓近乎癱瘓狀態的疲憊，幾乎足以和爬登萬多呎的神山劃成等號。

　　在那樣坎坷的環境裡打滾，這樣的人生經歷自然難以逃避。尤其進入山寨初期，欠缺駕駛山路的技巧，車困泥潭竟成我每天出門前的夢魘。

　　而最刻骨銘心的一次，竟是那次與妻出遠門遊斗湖回程時，半途埋車的經歷。車子受困在自己園坵範圍，當然容易「獲救」，可那一次距離山寨二十餘公里，使我陷於呼救無門的境地。

　　當我們由柏油公路轉入泥路時，太陽已經下沉了。那段泥路是樹桐卡車必經之道，滿載圓木的卡車少說也超越20公噸，天晴時每天都有好幾輛重複來往，以致泥路處處窟窿，而每下一場雨，這些窟窿就蓄水，車輪輾過即變成泥潭，深淺莫測，成為我們駕車人的陷阱。

　　雖然回程晚了，但我還是處處小心，忽而向左轉，忽而向右轉，謹慎避開這些泥潭時速也不敢超越二十公里。忽然來到一處左右兩邊都是泥潭，我閃無可閃，急忙進四輪推動檔位，踩足油門，本意藉力衝過去，不料前輪過了，後輪卻打滑，一再退後又向前，屢試都爬不起，反而愈陷愈深，走下車看看，兩個輪子沉落爛泥過半，連輪軸也卡在泥層裡，難怪動彈不得了。

　　「等著拉車了！」我對妻子說。看著車座後面那條鐵索，我顯得一臉無奈。

　　天色漸漸暗下來了，四野茫茫。拉車，說得容易，連鬼影都難找，幾時才等到車子經過。我環顧周遭環境，一邊是栽種年餘的棕櫚，另一邊，唉，另一邊為黑越越的叢林，狼吟猿嘯的蠻荒之地！

　　忽然，在排列齊整的油棕林裡，有一點半明不昧的燈光亮起，我逐想起這段路附近原本有間外勞的臨時屋——由陳舊的鋅板和夾板搭成的，狹小而簡陋。每次路過，我都不禁對這間臨時屋看幾眼。

　　隨著燈光，有個人影走出來，在這個時刻這種環境，除了外勞還會有別人嗎？我本能地萌起戒心，幾天前才接到朋友的

信，勸我千萬要提防，外勞兇神惡煞，殺人不眨眼。可是我的
車上除卻那條拉車的鐵索，連最起碼的自衛性武器都沒有。這
時候才後悔不放一把巴冷刀，甚至一條木棒也勝過赤手空拳去
迎敵。

正當我梳理紊亂的思緒之際，那鬼魅似的黑影已走出了油
棕林，大刺刺地站在我面前了。果真是外勞！見他手中沒有任
何兇器，心中稍安。

「BOSS，你開動引擎，我試試替你推。」他說完，也沒
等我回應，便逕自走到車子後面。我按照他的話，可是試了多
次，車輪還是不停打滑；我再下車來看看情況，不禁吃了一
驚，他被打滑的泥漿濺了一身。我忙向他致歉，他笑笑，說沒
什麼。

眼見憑他一人之力，無法把車推動，他說回去多招幾個夥
伴。萍水相逢，非親非故，世上會有這樣的好心人嗎？會不會
擺詐局，先禮後兵，現在才回去招兵買馬；見我滿車糧食，身
上即使沒有分文，糧食就足夠吃幾個月了。

再一次整理思緒之際，先前的外勞已帶領幾個夥伴出現
了，各人手中還提著一把鋤頭——我心裡忐忑不安，鋤頭會不
會變作搶劫的兇器？

但他們來到時，卻沒有絲毫非份的舉動，反而馬上分工
合作，以鋤頭開溝放走泥潭的積水，然後在路邊找碎石和木塊
墊在窟窿裡，在黑暗裡摸索，搬搬鋤鋤，大約忙碌了兩小時，
晚風呼呼，我們夫妻蕭瑟在寒涼裡，可他們卻大汗淋漓，氣喘
吁吁。

　　我問他們吃過晚飯了沒有，每人都搖搖頭。先頭的一個說，正要淘米煮飯，忽聽到有車子打滑的聲響，於是就跑出來看看有甚麼需要。他們樂於助人，卻忘了饑餓，而先前自己反以小人之腹、度他人之心。這時不期然地深深感到後悔。不，是羞赧。

　　那晚回到山寨，倒在床上，我輾轉反側，人心善惡的問題一直在腦海縈繞、徘徊。

原生種榴槤與山竹

長在樹幹的原生種榴槤。

　　深山裏的原生種榴槤，就是現在名種榴槤的祖先。今天我們吃到的黃肉乾包、肉豐核細的品牌，包括葫蘆、紅霞、坤寶、堅尼（Chenne）、乾耀（Kanyau）、金枕頭（Muntong），都是原生榴槤的改良品種。

　　很多人喜歡把原生榴槤叫作山榴槤，馬來裔取名較特別，他們叫鳥榴槤（Durian Burung）。山榴槤除了型體小，它最大的特色是外殼深青，刺尖而長，也有一些肉黃而芳香的山種，但一般上核粗肉薄，當然難以與改良名種爭奪市場。

更多的原生榴槤淡而無味、肉薄核粗，聊作鳥獸充飢的殘食，無從與經濟掛鉤。

風下之鄉沙巴地大林深，叢林裡的原生種榴槤，品種比大馬半島還多，但能夠擺在攤檔上見客的則寥寥無幾。

從山打根進入山寨，中途經過一道窄橋，當地的卡達山族在橋頭搭了幾排「亞答」檔子，向路過的車子兜賣土產水果，包括香蕉、芒果、打勒、大樹波羅等。初入貴境時，每回經過這道窄橋，我都被那些攤檔深深吸引住；引我注目的，不是上述的水果，而是圓圓掛著的，有深青、深黃、深灰外貌的，體型不大，以我對榴槤的認知，一眼看出，都是原生種榴槤。

有一次，我經過窄橋時，停下車來，走向其中一個攤子，雙手捧著一個榴槤嗅嗅，發覺毫無香氣，便問道：「榴槤甜嗎？」

守檔的是土著中年婦女，她回答得很坦誠：「只有我們土著才懂得吃這種榴槤——將榴槤肉摻糖水，放在鍋裏煮乾，拌飯吃。」啊，那豈不是與我們以次等榴槤製作榴槤糕如出一轍！

後來在巡視可可油棕園時，發現多棵不同品種的原生種榴槤和山竹。好奇心重的我，自然不會放過品嚐的機會。弔詭的是，端看山榴槤的外殼與肉質，兩者之間的色彩無法令人產生聯想。外殼深黃的品種，肉質紅若寇丹；深青的，肉質卻呈黃；肉紅的看上去鮮艷無比，入口方知帶有澀味；肉黃的則肉薄如紙，味淡，如同嚼臘。

山寨裡，在河邊碼頭附近長著一棵紅肉山榴槤，因河岸土壤肥沃，每年結實纍纍，但樹高難爬，土著以藤蔓織成吊梯，一到

果實成熟便攀梯採擷。令人疑惑不解的是,一般榴槤成熟都會掉
落,這種山榴槤熟透仍然掛在枝頭,直到果實張口爆裂,所以歸
宿多數在鳥獸的腸胃裏。

　　我的那班同事都來自半島,吃慣高品質的名種榴槤,對於
這些肉薄無味的山種,當然不屑一顧,河邊那棵山榴槤就僅讓
土著去眷顧了。

　　有一年開墾森林,我驀然在不同地點發現到兩棵原生異
種榴槤。一棵果實密密麻麻結在樹頭和樹根,我發現時榴槤正
好成熟,以為不用多費氣力便可飽餐一頓,哪知道打開一看,
暗藏裡邊的都是種子,沒看見肉。不要說長在深山裡,即使生
在庭前屋後都沒有人理睬吧!另外一棵的樹形與葉片和榴槤無
異,只是果實如一枚紅棗般細小,如果不是松鼠在樹頂蹦跳,
採果咀嚼,將一些「迷你果實」震落地上,我還不敢相信那棵
就是山榴槤呢!奇怪的是,那麼細小的果實,居然發出榴槤的
香氣,難怪引來松鼠的覬覦!

　　可是,在可可油棕霸氣的籠罩下,這兩棵山榴槤都逃不過
鏈鋸的銳齒,僅幾分鐘的巨響,便轟然倒下。後來我向李總提
起,他怪我不懂珍惜植物,這些原生異種榴槤,是研究榴槤進
化的重要物證呵!

　　現在想起,我仍在後悔,萬事不能只以經濟為前提。原生
種山竹很幸運,在可可種植的園地裏被保存下來。那幾棵山竹
長在同一地點,枝壯葉濃,果實晶瑩剔透,甜裏略酸。我在山
打根巴剎外的水果攤見過這種原生種山竹,足見有一定的銷售
市場,一般婦女都鍾情這種既甜又酸的味道。

　　山林叢野裡的原生種水果，除了榴槤和山竹，我還見過山紅毛丹、山龍眼。森林是天然資源，或許還有更多原生異種果樹等待發掘。只是多數人只以平常樹看待，砍伐後焚屍，難逃灰飛煙滅的惡運。像李總那樣有心保存一些原始生態的人士，也屬少見。

指天椒的蓬勃姿彩

　　風下之鄉因地肥土沃，且風調雨順，不但油棕、可可等農作收成豐碩，產量驕人，連城鎮裡價碼高漲的指天椒也在如此特殊的環境下，像野生蔓草一般，生機蓬勃，使我們生活在森林邊緣裡的一群，取之不盡，用之不竭。

　　而令人驚訝的是，指天椒的蹤跡，好像無處不在：初長的油棕園，低矮的可可叢，只要陽光稍為散落的地方，在樹和樹的行間，在亂石縫隙裡，或枯樹盤根處，或荒僻的路旁溪畔，指天椒都會與離離蔓草競爭一片空間，甚至與萋萋的灌木爭攫夕嵐朝露。

　　在這樣周遭樹叢林立、雜草蔓生的天地裡，指天椒卻能以莖矮葉細、枝椏孱弱的形象突圍而出，且生生不息地遍野成長，這顯示了牠們除有堅韌的自然意志力，而兼有超卓不群的生命姿彩。

　　妻子和女兒無餐不辣，特別喜歡指天椒。但是，庭前屋後種植的指天椒總是病害連連，成長不良，結出的小辣椒往往不敷食用。有一年她們來到山寨，見到可可林裡與野草競長的指天椒滿枝艷紅，欣羨不已，每天總要我放工時採一包回去，吃到她們鼻流耳燙、五腔冒煙，回半島時還帶了幾公斤上飛機呢！

　　一定有人感到奇怪，在人煙稀少的曠野間，誰有那麼大的衝勁，到處為指天椒傳播種子呢？經手的當然不會是人類——人們栽培必定選在住家範圍，以方便取用。原來祕密將指天椒發揚光大、帶著指天椒種子翻山越嶺的是有語言天才的能言鳥（Burong Tiong）。

　　名為九官的能言鳥，是風下之鄉的異禽，因為善學人語，成為人們搜索的獵捕對象。能言鳥生活在叢林僻野、人煙寂寥的曠野，以追捕蟲豸過活。

　　人與鳥，是兩個歸類迥異的動物，但能言鳥有個與人類相同的嗜好，就是喜歡吃辣——特別是小辣椒。我們吃小辣椒，都是把辣椒千剁萬切，薄如紙片，挑剔的食客還要剔除種子，能言鳥啄吃卻是囫圇吞棗，把小辣椒連種子一起吞下肚，但是辣椒種子不能消化，所以能言鳥的屎便落在那裡，指天椒的種子就在那裡發芽生根，配合地肥雨順陽光空氣等條件，辣椒樹成長迅速，不只堪與蔓草灌木爭奪生長空間，且比人工種植的更茂盛豐盈。

　　能言鳥無疑成為指天椒的傳播媒介，這種傳播任務永遠不會斷絕。弔詭的是，這些曠野裡生長的指天椒，沒有人工照顧，不需灌溉，只從土壤中吸取營養，還要與蔓草灌木爭攫空間，卻非但沒有遭遇病害，甚至比我們庭前屋後人工栽種的要健壯多多呢！

　　曠野裡的指天椒，莖達數尺高，枝葉亭亭如蓋，成長的椒樹葉端下垂，尤其當結實纍纍的時候，整棵椒樹彎成圓球狀。最常見的指天椒分兩種，一種未熟時小辣椒呈青色，成熟則變

嫣紅;另一種未熟時白色,熟時是澄黃。兩種指天椒雖外表各異,都在嬌小玲瓏中顯露風姿,色澤鮮艷,光華奪目。人工培育的指天椒從未見過如此嬌艷嫵媚的姿彩!

因為工作,我似乎每天都在可可油棕園裡奔走,時常在不經意間於樹行間發現指天椒的蹤跡。如果遇到幾株擁擠簇生,又在辣椒當熟時節,滿枝頭全是一片紅艷艷,與周遭的綠草形成絳紅慘綠的異景,給人一種愉悅和驚喜!

為了讓能言鳥多留一份糧食以繼續傳播種子的任務,我常勸戒工友在清除灌木雜草的時候,刀下留情,謹慎地讓指天椒繼續生長,延續開花結果的使命。為了工作上進行的方便,有時工友雜草連椒樹一刀掠過,還辯護道——還會複生的!

——還會複生的。的確不錯,在風調雨順的環境,被砍斷的指天椒,不到兩個月又從根部長出枝葉,欣欣向榮,不久再重新開花,尖銳如針的小辣椒又指向藍天,笑傲曠野!

有人任為能言鳥的臟胃可能是指天椒種子的消毒器官,但仍有待求證。土壤、空氣沒有受到污染,一切植物,包括指天椒,因為生長健壯而產生了自然抗病力,這應是無可置疑的,我想。

野茼蒿隨風飄長

　　風鄉土壤肥沃、風調雨順，除了可可、油棕等農作生長茂盛之外，土長的野菜也油綠肥美，且隨處可見。

　　可以說，風鄉也是野菜的天堂。

　　在新開墾的園地，茼蒿領先破土、展顏笑臉，尤其是經過焚燒的黑土，茼蒿比野草更快出現萌長。這種莖高呎許、葉呈羽狀的野生植物，開黃色或白色的小花，成熟時爆開像蒲公英那樣，種子隨風流浪，落土即生。因為萌芽迅速，葉片寬闊，所以往往比野草率先佔據土地，可惜生命不長，大約兩個多月就蒼老而枯萎。

　　所以，吃茼蒿宜乘嫩採摘，最佳時節是出土後三周內，過期就開花老化而遍長纖維了。

　　在西馬的山野間，也常見野茼蒿出現，只是近年來幾乎芳蹤絕跡了。童年的時候，雙親長期蟄居偏僻的膠林，母親常帶我去曠野裡尋覓野菜，回程時茼蒿、芋莖、芭菇總是滿籃筐，這幾種都是我最喜歡吃的鄉間野菜。

　　在風鄉開荒闢野，清理新墾地之後，野茼蒿總是統領新綠的先鋒，以鮮嫩蓊鬱的姿態迎接陽光，而且一出現就像播種的秧苗一般，遍地招展，引入注目。

可惜，山寨裡沒有人懂得茼蒿是可口的野菜，只當牠們是雜生野草，拔除棄擲，或任其老化開花、自生自滅。

自見到鮮嫩的茼蒿之後，我們的餐桌上即多了一種菜餚了。野茼蒿帶有很濃的辛味，第一次我採回來，負責煮炒的菲傭張大雙眼，驚奇地問：

「可以吃嗎？這麼臭！」

「煮熟以後，妳會爭著吃。」我說完，就吩咐她如何煮。茼蒿去莖，莖底層的葉片較小且薄，棄用，取莖上部鮮嫩深綠的闊葉，用滾水燙至軟化，以消其氣味，撈起，下油爆香蒜米，把茼蒿做成油菜，油滑可口；也可以加入搗碎的蝦米，炒作青菜，味道同樣出色。

「味道有點特別，這是什麼菜？」某次有幾位懂事到來巡視園圻，晚餐時吃到野茼蒿，其中一位懂事好奇地問。

「茼蒿。」我答。

「名字好怪，我從沒聽過。是不是沙巴的特產？」

「不算特產，不過這裡的特別鮮嫩好吃。」當我告訴他們茼蒿不過是一種普普通通的野菜時，每個人臉上都顯露驚奇！最後卻埋怨道：

「這麼味美的野菜，甚麼這樣遲才發現！」

第二天，我特地驅車前往新墾地，採摘了一大包野茼蒿，囑菲傭一菜二味——蒜米油菜和蝦米清炒，讓大家都吃得打嗝。

童年因貧困而當菜的野茼蒿，想不到如今走入叢林，開荒劈野，野茼蒿竟成大家欣賞的一道桌上佳餚。

酪梨營養豐富

酪梨與搭勒這兩種果實，在風下之鄉都有很高的知名度，菜市裡、馬路邊，常見到水果小販擺賣。

在西馬我還沒有見過搭勒果（Talap）在市場上出現，也許沒有人對這種果樹發生興趣。至於酪梨，過去曾經現身超市，每個售價三至五令吉（Ringgit），可能價碼昂貴而問津者寥落，如今早已芳蹤絕跡了。

酪梨（Avocado）其實是一種營養豐富的水果，據說是南美洲墨西哥人主要的食品，因為果實成熟後外皮斑駁，表面有點像鱷魚，因此又叫鱷梨。

二十年前，我尚在半島園坵服務，有個朋友買了一個大膠園，園主是個義大利人，洋樓的範圍很闊，遍植果樹，其中有兩棵枝粗葉茂、結滿斑點燦爛的橢圓形果實，朋友不知是什麼名堂，也不知道如何吃法，於是找我問竅門。

酪梨採下後，果肉帶澀，須收藏幾天讓其軟化，以湯匙淘吃，柔軟有如霜淇淋，唯酪梨肉淡，可以摻赤糖或煉乳增加風味。

朋友洋樓前那兩棵酪梨樹，樹齡至少有十五年了，樹高幹壯，每棵結果超過兩百個，朋友每次送來都是幾十個，待肉軟

化我就放入冰箱，可惜妻子孩子連看都不看一眼。朋友的情況也一樣，家裡只他一人欣賞。結果第二年，那兩棵酪梨樹就逃不過鏈鋸的魔齒了。

來到風鄉，發現不只超市、菜市攤檔、路邊果販，甚至冷凍飲料的冰果店酪梨都榜上有名，與楊桃、西瓜、木瓜、萍果、蜜瓜等水果爭市場。酪梨奶汁，向台灣的木瓜牛奶汁看齊，成為風下之鄉眾人皆知的營養飲品，尤其在熱天裡來一杯酪梨奶汁，使人精神清爽、勁力倍增！

西馬的果苗場，似乎沒有見過販賣酪梨樹苗，門前屋後綠意盈然的不外是紅毛丹、芒果或榴槤，但風鄉肥沃的土地上酪梨卻佔有位置，市場上很多都是土產酪梨。

我們山寨裡也種植了幾棵酪梨樹，我來時有的已經開花結實了，只有我的宿舍旁的那棵樹齡較小，過去缺乏管理，我來後除草施肥，不到一年樹就亭亭如蓋、枝茂葉榮，接著就從葉端冒出細細的花穗了。幾十天後枝條間竟掛著幾十個梨形的果實。第一次開花竟有此佳績，令我驚喜不已！

有一次我去山打根，貪圖方便，把成熟的酪梨帶去朋友的冰果店製成牛奶飲料，他一見酪梨竟如見仙桃，大為驚喜，要我供應酪梨讓他做生意，因為市場銷量大，奇貨可居。遂想起西馬人口稠密，酪梨卻無法在食用水果中立足，完全是缺乏對它食用認知，以及沒有人從中推動所致。

酪梨屬於樟科喬木（Persea americana Mill），原產地是墨西哥和中美洲，樹型高聳，葉橢圓，花細穗長，病蟲害少，容易生長，果實的蛋白質、脂肪、碳水化合物含量豐富，卻不含

澱粉和糖分,有好幾個品屬,果實有圓形、橢圓形和梨形,是健康的營養水果。

在風下之鄉大受歡迎的營養水果,西馬半島卻無人品嘗,讓酪梨在市場上靜靜消逝,也使酪梨樹無法生根落地,是消費人的大損失。

鏈鋸手蟒蛇驚魂

　　在熱帶雨林裡，蟒蛇幾乎無處不在。牠雖然無毒，生性也不算得兇猛，卻因體型巨大，強勁無比，加上有一張血盆大口，吞物時張力可以增闊到原來的數倍，因此成為森林裡野豬、山鹿、大蜥蜴和野兔等動物的剋星。

　　大蟒以野獸為捕獵對象，而且是整隻生吞，動物被大蟒纏蟠，欲脫不能、四肢乏力，慢慢被鯨吞，連看來甚難處理的四隻長腳，也被牠絞蟠得貼貼服服，連皮毛一併收入肚皮裡；那些長短不一、圓扁各異、彎曲交錯的骨骼，也被消化成養份，在牠的胃囊裡失去蹤影，真是令人驚嘆！

　　所以，蟒蛇雖然無毒，但若進入藤蔓密佈的濃密森林裡，卻比有毒的眼鏡蛇更加難防。眼鏡蛇遠遠聽到窸窣的聲響，馬上鼓氣高舉頭部，呼呼吐氣，容易被我們覺察。蟒蛇則靜靜地蟠纏在樹椏間，或匍匐於枯葉密佈而隱秘的地面，向經過的野獸悄悄地突然發難，捕捉獵物於無聲無息間。

　　是故，不單是野獸，連生活在森林邊緣的萬物之靈，受蟒蛇突擊甚至吞吃的事件，也屢見不鮮。經年累月在風下之鄉那樣廣袤荒僻的叢林裡奔波勞碌，與蟒蛇不期而遇的機率也就更加頻密了。

曾經好幾次，工友活擒巨蟒，放進麻袋裡，用爬山驅動車載到辦公廳前示眾，也見過拳頭般粗大的蛇頭，腹部中段卻膨脹得像廿公升大的油桶，裡邊藏的不知是野豬還是山鹿。蟒蛇往往吞下野獸之後行動不便，任人擺佈。但卻能三、四個月內不再進食，讓體內的食物慢慢消化。

在獵蟒行動中，有一次最為令人難忘，不但過程弔詭，簡直匪夷所思。

由於情節離奇，經過十多年的時光沖滌，今天仍然在我的記憶裡低迴……。

「Tuan，不好了！……有大蟒蛇……，工友昏迷不醒……。」一個炎熱的中午，掌管清芭的印尼工頭慌忙氣喘、神色敗壞地向我報告。

我還沒弄清楚事情的真相原委，他又接下去：

「快……快快……，叫部車子載他回來……，不然……。」

這時候司機們正在把園裡的可可運回工廠，每個人都忙著，但人命開天，為了應急，我三步併作兩步，到車房裡開動自己的用車，由工友引路去芭場救人。

見到投報工友驚惶失措的神色，一下巨蟒，一下昏迷，把我陷入五里迷霧中，一面駕車一面想著：會不會蟒蛇把工友蜷得失去知覺？或是已遭吞進血盆大口了？

飛快到了場地，只見幾名清芭的鏈鋸工友聚在一處，地下有個同伴一動不動，顯然癱瘓了，兩腳斑斑血跡，異常恐怖！我以為被鏈鋸所傷，趨前細看，又找不到傷痕，狐疑地正要發

問，一名工友先開腔了，「他鋸斷了一條大蟒蛇，腳上染滿了
蛇血！」

　　他說完，用手一指，告訴我大蟒蛇就在前面的樹叢裡。
我一面吩咐工友把昏迷的鏈鋸手扶上車，一面上前去看個究
竟。只見有棵被鋸成兩段的枯樹，斷口有一灘血跡。原來這是
一棵空心大樹，大蟒蛇匿藏在樹洞裡，鋸手斷樹連蛇一起分成
兩截，鏈鋸聲中血花四濺，蛇在樹洞裡掙扎翻騰，然後奄奄一
息了。

　　恍惚裡，工友一看雙足柒滿鮮血，誤以為遭鏈鋸傷到，
連喚幾聲：「我的腳斷了！我的腳斷了！……」接著便頹然倒
下，眾人見到，將他扛離現場。其實，他完全沒有受傷，只不
過因驚慌過度而昏迷。

　　我把他載回診療所。在路上，工友詳細告訴我這件「烏
龍」事，令我哭笑不得。這是一個刺激緊張，卻有驚無險的
「鋸蛇」故事。

二〇〇九年十一月八日修定

山神上身的故事

　　大部份華人對鬼神向來既畏且敬，不但住宅前後左右處處見神，連室內由廳堂直到廚房，地上灶頭，眾神排位，各顯神通。

　　工地開工前，都必先為拿督公立位，祈求工作順利，出入平安。山門的禁忌更多，可能與工作的危險性有關吧！廚房裡要是火頭燒焦飯，或是早餐有人不小心筷子掉地，又或者有人不慎摔了一跤，當天入山的所有活動全部取消了，因為那是一項不吉利的徵兆。

　　因為禁忌多，所以伐木工人清晨起來不打見面禮，食堂裡只聽到飯筷的聲音。小時候有一回我到一個山寨裡夜宿，臨睡前管工再三叮嚀，明天起來遇見誰都不要說話，就是怕我不懂規矩，觸犯禁忌，累及眾人。

　　所以，山寨都尊拜拿督公，讓大家清早可以安心入山工作，入暮平安歸來。但是，當我來到風下之鄉，進入山寨，四處都見不到拿督公坐鎮，頗感奇異。後來才知道，我們的李總是個只信正氣、不畏神鬼的硬漢。我來時他已領導公司長達八年，八年來工友進出山林安寧無事，想眾神也許在默默地為山寨護航吧！

　　其實，山神鬼怪的故事，我聽過不少，但總是十分懷疑，換句話說，我也和李總一樣，認為那不過是一種道聽途說。也有人說，神鬼這回事，信者有之，不信則無。然而，我們這群不信神不怕鬼的山野耕農，卻因一個女工「中邪」事件而陷入困惑的境地……。

　　我來到山寨，除了接管成熟可可，還兼顧油棕和可可苗圃。那時，可可由於長期價錢低靡，公司已改弦易轍，新墾地由油棕取代了可可。但是，可可苗圃還保留著，同時引進一些駁接的高產量新品種。苗圃面積不大，只有六個印尼工友勞作，除了一個灌溉的是男工，其餘都是女性。

　　有一次，一名女工合約期滿回國，我從雜工裡調來一名叫Maria的女工遞補。沒想她才做了不到一周，便來要求我另調他職，理由很牽強：

　　「自從我到苗圃工作，每晚都發惡夢——夢見山鬼要我嫁給他做老婆。我很怕……怕到不敢睡覺。」

　　——鬼才相信妳的話，我心中暗罵。編造故事也該花點心思！被我當場拒絕了，Maria只有無奈地繼續留在可可苗圃工作。

　　我沒有認真對待這件事，也沒有去瞭解Maria在情緒上有些什麼變化。只聽工友說向來嘻哈談笑生風的她近日有點反常，顯得十分沉默，十問九不答。這是工作上情緒的偶然波動，我覺得頗為正常，幾天後必自然撫平，舉動如常。我想。

　　幾天後，Maria的異舉不但沒有恢復，反而令人意想不到變本加厲，不知那麼借來的「神力」，在眾人聚精會神工作之際，神不知鬼不覺地爬上了高高的古榕樹。

這一招非等尋常，要是鬧出人命，我的責任可大了。那棵幾人才能合抱的古榕樹，生長在苗圃旁，就因體幹巨大，難於砍伐，留存了原貌，枝葉舖天蓋地，連我們的苗圃也要讓位任由它繼續呼風喚雨。而它低矮的枝葉，下垂的枝條，全被我們清除了，對那麼粗巨的軀幹，即使一個身強體壯的大漢也見而生畏，赤手空拳無法攀登。

現在，一個年輕體弱的少女竟坐在榕樹的顛頂上，一面喃喃自語，一面向樹下的工友招手，示意叫眾人跟隨她，到樹頂上去享受涼風。我們也不斷向她招手，還大聲喚「turun，Maria turun」（「下來，瑪麗亞，下來」），可是，樹上的Maria充耳不聞，沒有絲毫回應。

眾人議論紛紛，都說Maria是中了邪，要巫師才能驅邪解救。從她幾天前的舉止行動，莫非真個山鬼上身？

我遂想起Maria的父親，可能對她有幫助。Maria的父親是一名工頭，我以最快的速度把他找來，希望通過親情的呼喚，讓Maria回復記憶。她父親見Maria像女泰山一般，動作粗野，在高聳的樹上攀枝越椏，稍為不謹隨時都有墜身之虞，不禁悲傷得掉下眼淚。更叫他傷慟不已的是，無論他如何勸誘，樹上的Maria依然故我，連瞧也沒瞧她父親一眼。

看情形是無法收服「山鬼」了，眾人正在垂頭喪氣之際，突然有位工友喚道：

「快找Safarudin，他懂得符咒，可以驅逐山魔！」

在無計可施的時候，不管是否靈驗，也得一試，人命關天，救命要緊。Safarudin是山寨裡的長者，也是公司裡服務最久的印尼工友，是負責施肥的管工。

時間就在幾趟來去中消逝，太陽已傾斜了。Safarudin來到樹下，一看，發現Maria雙眼顯露凶光，大為驚慌：「真是山魔纏身了！」

他急忙把隨身帶來的白布舖在地上，雙足彎曲地坐在布上，雙眼微閉，口中唸唸有詞，忽然間他臉露痛苦，彷彿經過極大的掙扎，面對死亡的挑戰；而樹上的Maria初時劃手頓足，似在作出反抗，但漸漸地軟化下來了，動作也隨著Safarudin的咒語而趨於平靜，握著樹枝的雙手有些把持不住，身體搖搖欲墜。

Maria似打從夢幻中甦醒，顯得十分驚惶。

「Maria，抓緊、抓緊，小心抓緊，我們想辦法救妳！」眾人擔心她失足，齊聲提醒她。可是，她左看右看，驚恐得哭了起來，不知道要如何下來。

我趕緊驅車回寨，弄來一把鏈鋸，鋸了兩支長灌木，釘成長梯，架在榕樹上，由兩個壯漢沿梯上去，把近於癱瘓的Maria扶擁下來。

這時，大家終於鬆下一口氣。而臉色蒼白的Maria，足足休息了一周，才恢復體力。見過鬼怕黑，經過山鬼上身的事件，我再也不敢叫Maria踏進苗圃半步了。

發生這種怪事，有人怪我們沒有敬奉拿督公。入廟敬佛，入山敬神，這只是個警號，不由你不信。

刺蝟晝伏夜出

　　在西馬的橡樹林奔波了二十五年，野豬和果子貍是司空見慣的走獸，偏偏就沒有遇過滿身掛箭的刺蝟。可能刺蝟的繁殖力沒有野豬強，加上牠們又成為三大民族喜愛捕獵的野味，長期撲殺之下，橡樹林裡的刺蝟已經蹤影絕滅了。

　　這種尾短、四肢也短的獸類，銳爪箭身，卻因腳腿奇短而難以發揮，又無鼠鹿敏捷逃跑的本能，幸虧上蒼對牠們也不薄，周身圍著長長的刺針，遇敵時彎蜷身體，堅硬的刺針如箭，使敵方無從「下口」。

　　沒想來到風下之鄉，刺蝟竟連同野豬、大象、猿猴，成為我們油棕種植的勁敵，其利齒對幼年棕樹的殺傷力，令我們傷腦勞神、寢食難安。

　　原來刺蝟蹬跳雖然不及鼠鹿靈巧，卻吻尖爪利，有挖穴鑽洞的特性，日間都藏身蔓草叢生的泥洞裡，出口窄小，不容易被我們覺察。成長的刺蝟約重三至四公斤，體形不大，不像野豬或山鹿那像輕易成為槍彈追蹤的目標。

　　刺蝟也像其他野獸一樣，特別喜歡挖掘棕苗的蕊心飽腹充饑，從苗圃到移殖後的未成年棕樹，都是牠們垂涎的對象。不

要輕視牠們體型嬌小，一隻刺蝟一夜間搗毀幾十棵油棕苗不足為奇。如果三、五隻一起出現覓食，可就教園主血脈澎漲了。

畢竟人是萬物之靈，對龐然大物與狡黠鼠兔，都會想出奇謀異策應對，以確保我們的經濟農作順利成長，早日獲取回酬。

對付刺蝟，我們「抵禦」與「撲滅」二法並用。先說「抵禦」法。刺蝟專咬嚼油棕的蕊心，蕊心被毀，棕苗再也無法抽芽發葉，接著慢慢便枯萎了。保護蕊心免為刺蝟的味蕾美食，用一片二十乘六寸長的鐵片，鐵片兩端各鑽一小孔，以細鐵線穿過小孔把棕苗根部圍包著，鐵片成為蕊心的「保護層」，使刺蝟無從下口。

抵禦方法和工作都簡單，但以每畝六十棵油棕統計，一、兩萬畝油棕每棵都要包紮鐵片，工程就浩大了。所以，通常我們只是在刺蝟經常出現的區域才作「抵禦」設施，同時為了減低刺蝟數量，也同時做「撲滅」的工作。

撲滅刺蝟，極少動用槍彈，多數用鐵籠誘裝。我們很幸運，山寨裡印尼工友中竟然有人會造鐵籠，材料買到後，交待好尺寸，沒幾天十多個簇新的鐵籠便大功告成了。

有了鐵籠，當然還要有「誘餌」，才能「請」刺蝟入籠。原來刺蝟喜愛的食物，除了棕苗還有木薯、番薯，把這些食物吊在鐵籠裡，就可將饞嘴的刺蝟誘進牢籠裡，任由宰割了。有時一天裡成為籠中囚的刺蝟竟達兩、三隻，但是，這種在西馬被人目為「山珍」的動物，我們總是殺而棄之，沒人問津，因為比起山鹿，刺蝟肉總有不如的感覺。

　　基於野獸對油棕的破壞力強，公司制定了工友撲滅各種野獸的獎賞，獎賞因不同野獸有所輕重，刺蝟有幸被列獎賞排名之首，足見我們對刺蝟重視程度。

　　公司慣例，野獸只要見其尾巴，即可領取獎賞，因為把屍體搬移費力費時。弔詭的是，我們從來沒有接獲工友送來刺蝟尾巴以領賞。後來才發現，原來我們只付二十令吉（約五美元半）的一條尾巴，隔鄰園坵卻賞一百令吉。

　　闊綽的大手筆，把我們公司的刺蝟尾巴全吸收去了。高價者居之，工友也懂得「偷龍轉鳳」！

小人猿劫後餘生

　　說起「好年冬」（Furadan3G），凡是種植界的人士都知道，那是極毒的農藥，油棕園專用以對付山鼠和天牛甲蟲，用法簡單，效果奇佳。

　　這種藍色的結晶體，遇水即溶，無色無味，但卻極毒無比。在番薯、木薯中心鑽個小孔，把結晶體的「好年冬」塞進孔裡，放進山鼠經常出沒的地帶，山鼠吃後連逃離現場的時間都沒有，便毒發而身死當場。對付甲蟲蠶食油棕嫩葉，把「好年冬」撒在棕苗芽心，或施放於棕樹周圍土層，甲蟲自動逃避，停止再侵犯含毒的棕葉。

　　從上述例子，足見「好年冬」的毒性，非等尋常。

　　可是，令人無限驚奇，山寨裡飼養的一隻小人猿，誤吃了「好年冬」，竟然奇蹟地活著，真叫人難以置信。

　　這個「奇蹟」，發生在公司屬下的Penderosa區，與我管理的Orico區各據山頭，兩個山寨相隔約六公里。一次，該區的楊經理申請長假，因為該區沒有副經理，山寨又不能一日無主，權宜之下，李總要我去臨時坐鎮，我的權職則由副手代替。

　　該區山寨地屬高嶺，楊經理的獨立板樓更在高嶺頂處，下臨職工宿舍、棧房、辦公所、可可烘廠……等建築，一覽無

遺。楊經理堪稱雅士，樓外兩邊培植了許多山蘭花，有在吊架上的也有長在地上的，開花的不多，可能環境不適。較令我注意的是前庭的兩棵果樹，左邊是芒果右邊是芭樂。

那棵芒果樹，枝尾端零零落落垂著碩大的青色果實，每個約有一公斤重，未熟已令人垂涎三尺。

因為屬於代職，我只帶了幾套衣服和一些日常用品，可以說是輕輕鬆鬆的上路。我摸上楊經理的板樓時，他已在先一天離開了，由他的職員為我開門，並告訴我飯菜準備好了。

那時太陽剛西沉，餘暉仍在山寨周遭徘徊，但電房裡的機器聲已軋軋響起了。那是將暗未暗時氛。

飯廳裡，坐著四位職員，都是卡達山族，只有麥可成了家，娶了個伙食助手的菲傭。他的宿舍與廚房、飯廳接在一起。飯廳有蚊紗設備，所以前後門都經常緊掩，以防無處不在的蚊子。

席間，突然有一隻毛絨絨的手臂從門縫伸進來。我的坐位對著前門，灰朦朦的燈影下，不禁被驚嚇得筷子差點脫手；隨著那隻毛絨絨的小手之後，一張看似小孩又非小孩的臉孔向著飯廳東張西望。

——呀呀！呀呀！忽然發出若孩童饑餓討吃的聲音。

——out！Maggie，get out！

可真聽話，我還沒有看清楚就竟是什麼「怪物」，那隻手臂和怪臉隨著麥可的喚聲在黑暗的門外消隱了。

麥可看看我，連忙解釋說：「那是隻俏皮的小人猿，我們一吃飯就進來討吃。」

　　第二天，工人出門後，天已大亮，我終於在職員宿舍前的
樹下，看清楚那隻人猿的真面目了——牠被關在一個鐵籠裡，
見我走過，立刻伸出手來，又要討吃。

　　在山打根的Sipelok人猿中心，大小的人猿我見得多了，但
是，眼前這隻叫Maggie的小傢伙，卻瘦骨如柴，且雙眼無神。一
定是沒有好好餵養，我正想罵麥可虐待動物，他卻即時出現了。

　　——Maggie真命大，誤吃「好年冬」居然沒有死。只是，
現在無論吃多少食物，好像腸胃都不能吸收，所以一直長不大。

　　麥可告訴的這小傢伙的來歷：一天他從市鎮回來時，半途
無意中發現了一隻哀哀啼哭的小人猿，伏在一頭死亡的母猿身
上，他走近細看，母猿有槍彈傷口，顯然是被人槍殺的。人猿
也常搗毀油棕，雖被列為國寶有時亦淪為槍殺對象。

　　他把小人猿帶回飼養，是雌的，所以取名Maggie。人猿很
容易與人熟絡，不到兩個月Maggie對新環境完全適應了，整日
像頑童般四處亂跑，有次竟然潛入棧房裡偷吃「好年冬」，被
發現時牠已癱瘓在棧房樓底，軟綿綿的一動不動。一連幾天奄
奄一息，不吃不喝，大家以為牠還魂乏術，死定了。

　　到了第四天，奇蹟出現了，牠竟然疲憊不堪地從棧房樓底
緩緩地爬出來，大家都睜大眼睛，嘖嘖稱奇，連忙餵牠吃喝。
過了幾天，Maggie又能四處走動了。有一天，牠居然爬上楊經
理屋旁的果樹摘芒果，所以後來被囚進鐵籠裡，只有放工後才
放牠出來活動。

　　大難不死的Maggie，後來好心腸的楊經理把牠送去Sipelok
人猿中心，讓牠重歸自然。

給猴虱與山蛭的戰帖

　　雖不敢形容猴虱和山蛭為洪水猛獸，但對於經年累月在山林原野中出入的我們，這兩種細小的傢伙，的確是生活上一種永遠的夢魘。

　　因為猴虱和山蛭，都是防不勝防、專吸動物鮮血的小傢伙，萬一給牠們纏著，無論是人是動物，都得留下傷口。

　　猴虱，通常藏在雜草叢裡，與猿猴的淵源極深，一般人都相信深林裡的虱子是由猴子傳播的。因為，猿猴經常出現的河岸草叢，虱子的數量特別多，所以這種說法的可信度極高。有時候我們看見兩隻猴子在樹上，閑來無事，就靜坐在枝椏上互抓虱子，往往把抓到的虱子吞進肚子。

　　猴虱非常細小，小到肉眼似乎難以發現，藏身在草叢的枯葉間，體色與枯葉相似，圓形的身體周圍長滿毫足。當我們兩腳踏在草叢裡，小傢伙即從鞋子或褲腳緩緩爬上我們的身體，尋找隱秘的地方，譬如腳趾、肚臍、腋窩、陰囊等難以發現之處，靜靜地猛吸鮮血，享受豐美的餐宴。

　　不止我們成為猴虱的目標，山林中活動的動物如野豬、山鹿、大象，樹頂上來去的猿猴，都是猴虱侵襲的對象。有一次，Kenny擊斃一條眼鏡蛇王，鱗甲間竟藏著累累的猴虱，飽餐

後每只都圓鼓鼓地，有如一粒粒黑豆。細小得肉眼難見到脹成黑豆，其體內血液的吸取量令人不寒而慄！

山蛭又叫山蜞，是山林和沼澤地的軟體吸血動物，與生活在河流中的水蛭（螞蟥）是吸血的孿生兄弟。身體鑲上紅帶的水蛭雖然活躍無比、面目可憎，但是只要我們不涉水，牠們永遠沒有機會與我們糾纏。

可山蛭就不同了，我們一走入山林曠野，雙腳一貼著土地，就把接觸機會給予山蛭了。不要小覷山蛭細小得像一根火柴，牠懂得聞風辨影，一嗅到動物體味，即迅速靠攏，一搭一搭地，由腳部攀緣直上，也像猴虱那樣，專攻擊我們身體隱秘的弱點，吸血飽餐之後，當我們發現時，傷口的鮮血仍漱漱而流，而且奇癢難當，那道傷口只少得抓幾個月，才逐漸撫平。可是，請別高興，被吸的部位留下一粒黑豆般大小的印記，有時幾年後才從身體中淡出，有時則永遠跟隨我們一起呼吸，像初戀那樣，教我們無法忘懷。

一般人都相信，猴虱與山蛭，都是由動物傳播的，所以未經開伐的原始森林，野獸群集，這兩種吸血的傢伙愈多，我們深入叢林瞭解地形、尋找邊界，最容易被血口糾纏。而往往這幾頂工程的先鋒部隊，又落在我們高層職員身上，因此捋斷鬍鬚、出盡法寶給猴虱和山蛭下戰帖，成為我們入山前的大考驗。

對著遍地是野籐、棘荊的雨林，不得不全副武裝，腳上穿的是長筒布鞋，那兩條兩尺多長的鞋帶纏來纏去一直纏到近膝蓋，兩肢小腿像紮粽子一般緊繃，可是，毫芒細小的猴虱有辦

法透入長筒鞋不足為怪，滑溜溜的水蛭同樣可以穿縫越隙，鑽進鞋襪裡享受美餐。

我們初給小傢伙下的戰帖是，把一雙長筒鞋噴射蚊油，使牠們不敢輕易接觸，唯蚊油的氣味不能持久，不到幾小時便失效了。後來有人想到把菸葉莖泡在水裡，然後將濃烈的菸味水抹在長筒布鞋，果然一試成功，水蛭聞到菸味，放棄癡纏。

原來山蛭忌菸。山蛭與水蛭屬軟體生物，切成兩段還能復生，但一接觸菸絲，卻不能動彈，瞬間即僵硬而死。除了忌菸，山蛭也懼火灰，因為火灰把牠的體外的水份吸乾，使牠無法逃離，最終葬身灰燼裡。

一物治一物，火灰菸草治山蛭，我們利用菸葉莖泡水嚇退山蛭，贏得了一場勝利。也從此，消除了入叢林成為夢魘的障礙。

鬥雞，慘忍的遊戲

公雞好鬥，兩雄相遇，必鬥到天昏地暗，直到其中一隻落荒而逃，才有結局。

住在鄉區，家家戶戶都或多或少飼養雞鴨，公雞相鬥的事，屬於司空見慣。但人為的鬥雞遊戲，卻是來到風鄉才目睹盛況、領略詳情。

鬥雞，也曾經在我們的山寨流行過一段日子，點綴過員工們的日常生活。

同事中萌起養鬥雞的人，是有多方面興趣的副經理Kenny。他是個年近三十的王老五，精力充沛，養過黑熊、養過能言鳥、養過山貓和果子狸。他最大的傑作是曾經養過一頭小象，每天放工就逗小象，想做馴獸師，可惜小象只活了一年半就夭折了，死因不明。

根據Kenny說，鬥雞與普通的公雞區別很大。這個我當然相信，一隻公雞不過馬幣十令吉，但是Kenny的鬥雞起碼上百令吉一隻，有些甚至兩三百令吉一隻，視其品種而定。Kenny說，菲律賓的鬥雞價碼最高，泰國的次之，本地品種最便宜。菲律賓的鬥雞品種是經過精挑細選交配產生的，骨格粗大，生性兇猛，鬥志軒昂，有大將視死如歸的氣慨！

Kenny的鬥雞，共有六、七隻，各國的品種兼而有之，分別養在板寮裡。他常自嘲那是他唯一的資產。

公餘之暇，同事多數走進俱樂部看電視。自從飼養了鬥雞之後，Kenny從俱樂部裡消逝了，不時與那位菲律賓籍司機交換養雞心得，從食料到生活習慣，鬥雞的一蹬一跳、一飛一撲，原來在送上「戰場」決鬥之前，都需要經過一番心血長期訓練。

Kenny買回來的鬥雞，都是六個月大的中齡雞，他說要養足十六個月，才算達到備戰期。一天，我看見菲籍司機抱緊一隻鬥雞，Kenny一手握小刀，另一手捏著雞冠，輕輕一掠就將雞冠切除，然後馬上在傷口敷抹藥粉。

「去掉雞冠，不是失去雄糾糾的氣派嗎？」我奇怪問道。

「你有所不知，雞冠是決鬥時的致命傷。兩雞決鬥，頂冠是雙方最喜歡攻擊的部位。」Kenny一提，我才想起鄉間的公雞決鬥，往往是兩隻公雞鬥到頂冠鮮血簌簌，因為其他部份有羽毛保護，不易啄到皮肉。

鬥雞除了去除頂冠，另外，我還發現，Kenny的鬥雞還餵維他命丸，將上戰場的鬥雞更餵吞興奮劑，使鬥雞亢奮，全力應戰。

飼養鬥雞，原來也有那麼大的學問，那麼複雜的求勝伎倆，似乎近於旁門左道。

Kenny挑戰的對象是印尼工友。原來山寨裡的印尼工友也熱衷鬥雞，只是他們飼養的不過一兩隻，沒有Kenny那麼下重本錢。

　　終於在一個星期天，大清早Kenny便向同事宣佈：他的鬥雞今天要出場，大展雄威了。周日全園休假，只見Kenny用過早點，把那隻最雄偉的鬥雞「威威」從寮裡抓出來，塞了一顆興奮劑入牠嘴裡，餵了幾口清水，菲籍司機開始在「威威」的矩爪上分別紮了兩把利刀，鋒利無比、彎如柳月、薄如刀片的鋼刀。

　　鄉間的公雞相鬥，只要一方敗落戰事即結束了，不會有死亡。這時我才明白，鬥雞殺敵致死對方，完全是人為的。

　　鬥雞是在足球場上舉行。Kenny出現時，對手已抱著一隻雞在虎視眈眈了。兩隻雞體形大小相若，都是羽毛絳紅而頸頂深黃，不過Kenny的「威威」毛色油光亮麗、熠熠生輝，看起來也較有懾人氣度；尤其是在眾目睽睽之下，頭部左擺右盼，神彩飛揚，一點也不知道自己即將面臨一場生死的安排。

　　先禮後兵，決鬥前互相檢查對方的鬥雞，看矩爪上的鋼刀是否合乎標準。然後，抱著鬥雞讓牠們互相對啄，惹起鬥志，接著才放開讓牠們在地上自由拚搏。

　　主人甫一鬆手，兩隻鬥雞即鼓起頸毛，喙對喙，相互對峙，不時展開雙翼向前衝，想以自己的尖喙制服對方。相持沒有幾分鐘，突然，只聽到「噗噗」急促的聲響，兩個影子拔地而起，騰空沖刺，矩爪向對方舞動，隨即又一起墜落地下。

　　這幾個動作，在電光火石之間，我的眼睛還未看清楚，戰事已終結。兩隻墜落地上的鬥雞，結局迥異：一隻喔喔啼叫，高奏凱歌；另一隻，掙扎了幾下，奄奄一息了。

　　戰勝那隻鬥雞，當然是Kenny的。在山寨裡鬥雞，Kenny幾乎沒有輸過。這與訓練有素、維他命丸和興奮劑大有關係，可以肯定的。

　　鬥雞只知道利用尖喙搏鬥，爭取勝利，卻不知有人在後矩絷上鋼刀，幾分鐘就橫屍當場。兩雞相鬥，只會輕傷，因為加入人為的設計，遂變成了一項慘不忍睹的遊戲。

走在風沙與泥濘的山道

在油棕、可可與膠林裡奔走的人們，對氣候和季節的變幻特別敏感。

因為園坵四通八達的都是泥路，雨季裡總是一片泥濘，旱季則風沙滾滾。尤其是幾個園坵交匯通往城鎮的總路，車輛的流動量頻繁，兩車擦身而過，雙方齒輪轉動揚起的沙塵，便一路飛舞。

除非你不出門，不然，一路上你得忍受漫天風沙的圍困；雨季處處泥濘，每一片泥潭都可能是埋車的陷阱。

幾十年在種植界，在環境不同的園坵裡打滾，最教我刻骨銘心那段路，竟出現在風下之鄉。那段路，由山寨通往柏油路，全長五十餘公里，左轉到那轄拿篤，右轉是山打根。

長居山林，對於進出泥路，本不該當作難事，但這段延長的泥路所貫穿的，除了油棕、可可，還有很多是正在開伐的原始森林。那段泥路，每天除了園坵的大小車輛行走，晴天的時候，數十輛滿載樹桐的特大卡車也川流不息，數以千噸的重量日以繼夜、周而復始地擠壓著赤裸的泥層，沒有碎石、沒有瀝青覆蓋的泥路。

那是多麼難以承受的重量。若泥路有生命，必也會發出吶喊，甚至哭泣！

循例的，每月我都進出那段路，起先是去那轄拿篤（DahatDatu），後來公司辦公所遷移山打根，我的度假方向也跟著轉。那段路兩邊忽而油棕忽而蒼林的泥路，曾經有過我車沉泥潭的忐忑不安，也有過我身困滾滾風沙而幾乎窒息的經歷。

可是，超重的樹桐卡車破壞山路，使用路段的園坵都不敢發出怨言。因為開荒闢野、推路造橋的都是伐木場，他們不只是開路先鋒，也是路段的長期維修者。

旱季一來，路面一乾，割路機即把整條路刨得坦坦蕩蕩，車輛飛馳時平平穩穩，舒暢無比。不過，別太過得意，宜加倍謹慎，這時候的重型卡車特別多，一輛銜接一輛，放足馬力呼嘯而來，車上載著每條長達三十餘呎的巨樹桐，轟轟隆隆像鐵軌上奔跑的火車一般發出驚天動地的聲響。

車行山道，每遇這種情景，必須退避三舍，找個較寬闊的路段停泊，以避其鋒。這時期多在四、五月的大旱天，一路風沙滾滾，要是你的車子沒有冷氣，在關上車鏡擋塵埃與被窒息之間，你得毅然作出抉擇。

我的貨車型Hilux後座有空位，有時工友要跟出城，無法逃避風沙，唯有以面巾遮掩眼鼻，下車的時候，頭上黑髮被塵埃

染成灰白，兩道眉毛也成霜，個個變成了方世玉的死敵——白
眉道人。

在這樣的環境裡行車，最希望有陣風，能把漫天飛舞的沙
塵瞬息間捲走，讓泥路恢復原貌。當然，遭殃的是路邊那些原
本深綠的樹葉，無論是油棕可可或林木，所有的葉叢都累積了
一層厚厚的塵土，等待雨水來臨的時，才能恢復原來油光熠熠
的面目。

風靜時刻，出門是件苦差，那些車輪揚起的泥沙浮遊在泥
路的空間，像飄蕩悠閒的白雲那樣，沿山道飄浮鬱積不散，不
但景物迷濛，甚至使你看不清前路。

一系列卡車急馳的時候，山道上揚起的風沙，可以連綿幾
公里，是旱季裡泥路常見的「奇景」。每遇這種情景，我總是
盡快把車子轉向，待風沙慢慢散去，才繼續上路。

山道再泥濘再風沙，從農的人都要勇於面對，那是叢林荒
野通往城鎮唯一的出口。幾十年農耕生捱，我的人生途程諸多
轉折，那是跋涉永無盡頭的泥濘與風沙。

我如此看待過去，甚至將來。

走進風下之鄉
——沙巴叢林生活記事

輯三

牛車默默地上路

水牛經過訓練，成為油棕園的好幫手。

　　來到風下之鄉，赫然發現，原來水牛的地位與身價，與人劃成等號。在油棕園裡，水牛的受寵、被呵護，令人羨慕。水牛與主人共同生活，作息與共，沒有苛責，不用藤鞭，而且還同工同酬，分享果實收獲的樂趣。

　　從古到今，生存在農業社會裡的牛隻，總是遭人欺壓、受盡奴役。水牛也好，黃牛也好，命運都大同小異。

　　黃牛拉車、水牛耕田是曾經在我們記憶中出現過的村野圖像。猶記童年時，見過滿臉鬍鬚、把長髮蜷束在頭頂的孟加里

人趕牛車，上斜坡的時候，總要揚起長鞭往黃牛身上抽打，兩隻黃牛才吃力地把一車的木柴拉動。

牛車雖然並不常見，但那一起一落的鞭影，和黃牛奮力拉車時頸鈴所發出超高頻率的聲響，「叮噹叮噹」像一陣緊密的淒風苦雨，敲擊著我遠去的童夢。

那種景象，一直在我的記憶裡複製，成為一種深沉而難以泯滅的人生苦旅的警號。

過去，不曾聽聞水牛拉車，但耕牛頸上掛著的那副彎軛，深入水汪汪的田裡的犁耙，要拉動也不輕，而農夫手中那條鞭子，比趕牛車的孟加里人的還要長，農夫一面呼嘯一面抽打，「嚦啪」有聲，我在田邊小河摸魚也感到隱隱傷痛！

童年遠去，隨著時代進步與生活水準提升，牛車首先消失了，耕田也經已機械化，黃牛水牛成群結隊在草原上囓草，態度悠遊自得，牠們何曾夢過祖先曾經是在鞭影下掙扎生存！

很高興在風之鄉又見水牛，而且成為油棕園裡的得力助手——主人不必揚鞭、不必叱吒，水牛默默地拉著一車又一車油棕，在縱橫交錯的泥路上躂躂緩步，馴服得像一頭綿羊。

從前的牛車，車斗甚至車輪，都是以木板枋條造成的，現在用厚鐵板，加上滿車斗熟透的油棕果，沉甸甸的軛架在牛頸間，可是水牛仍可輕輕鬆鬆地上路。

那天李總帶領我們參觀附近油棕園，體驗收獲用牛車運輸棕果的實際情況，為我們園裡將來果實的運作舖路。公司開墾初期，把目標鎖定栽培可可，因為那時可可的市價如日沖天，當我們回轉頭來向油棕擠眉弄眼，鄰近的園坵早已採果建廠了。

　所以，水牛代替黃牛在油棕園裡拉車，運送棕果，對我們倒還是樁新鮮事，個個都爭著一睹「風采」。

　李總與對方聯絡好，我們一到園裡就被安排去採果區，只見一輛牛車停在泥路上，工人用尖杠把棕果擲上車斗，站在前面的水牛一動不動，彷彿善解人意地等候差使；棕果逐漸增加，水牛頸上的軛也隨之沉重，但健壯的牠仍然沉著佇立，毫無倦意。

　採果工人四人一組，分割果（從樹上割下）、搬果（移到路旁）、起果（擲上車斗）等程式，路邊的棕果起完後，忽然工人一聲「Jalan」（起步），水牛即刻躂躂地拉動車斗向前走，走到路邊出現一堆棕果，牠又自動停下，讓主人起果，這個不須口令的舉措，看得我們嘖嘖稱奇。彷彿水牛也知道，一束束的棕果是經濟的果實，是汗滴累積的資源。

　為了方便運輸與採果，園坵的泥路都是交錯縱橫、四通八達的。水牛把車斗拉到交叉路口，聽到主人又來一個口令：「Kiri！」（左轉）。

　跟著，水牛向路口左邊轉去。這時候，我們真的有點不相信自己的眼睛和耳朵。牛解人語，能夠解讀「行」、「停」經已極不簡單，尚有辨別「左」、「右」的能力，不得不教人驚嘆！──有時連我們都左右難分、黑白莫辨啊！

　風之鄉的土層缺乏石子，造路困難，所以很多油棕園都採用輕便的牛車運輸棕果。州政府為了供應牛隻給園坵，分別在各地設立了水牛訓練中心，由專家把水牛訓練到懂得辨認方向，聽懂口令，可以馴服任聽使喚才賣給園坵。

通常園坵都不直接買進水牛，而為採果工人先付款，水牛投入運輸服務後逐月扣除貸款。來到園坵，水牛即成為工友每天生活上的搭檔了。

我們最有興趣的事，是水牛運輸所得。原來水牛與工友屬於收穫組（havesting team），牛與人同工同酬，牛主一天獲得兩份薪酬。

水牛既不會罷工，也不懂得要求加薪，同時吃的又是青草，只會默默地工作——每天拉動牛車運送棕果上路，可算是最偉大園坵工人！

遠了，童年裡的牛車。再見牛車，主人改以溫和的口令取替了鞭子，這使我想起，不只有智慧的人類可以用教育感化，動物也能！

二〇〇九年十一月五日重修

巴當岸河上的魚骨串

堆滿樹桐的駁船，與魚骨串是運輸木材的基本方法。

今生，也許我與河有緣。

從童年到少年，我都在江水漾漾的霹靂河岸渡過。

蟄居在河岸遼闊的橡林裡，缺乏公路，每次進城，都是乘坐汽船逆流而上。河岸屋舍掩映、碧野連天，時光流轉，但這些如詩如畫的自然圖景，竟揉成了我童年的夢境。

東渡沙巴，在一片群獸出沒的原野蠻荒中紮營，地點竟然也落在另一條河的邊岸——那泓永無止息的江水，日夜奔流，浩浩蕩蕩地穿越巴當岸大平原，融入大海。

那條河，就是京那巴當岸河，當山打根與拿篤之間的公路尚未銜接時，巴當岸河一度成為風之鄉北部的交通樞紐，兩岸的土產和木材，全靠她運往根城，然後出口。

公路建好後，她還是內陸交通的要道。我們紮營近河岸，就是瞄準了水路的經濟利益。公司在河邊搭了一個簡便的渡頭，讓我們的舯舡和汽艇停泊。

渡頭是公司自建的，木柱、台板都採自自己的森林，在遠離城鎮的邊陲地方，一切建設得自己動手。渡頭是很簡陋，但五百多名員工的耕耘心血——烘乾的可可仁，一包包都從這裡下船，沿巴當岸河順流出海，運往商港山打根。回程的時候，舯舡也從未置空，都是載滿山林的必須品，米糧、罐頭、乾糧之外，就是機器、車輛的燃料——柴油和汽油。

渡頭兩岸，包括公司的疆土，都是未經開墾的荒林，頗感荒涼。順流而下，走不遠，岸邊綠蔭裡開始有人煙，椰子樹、香蕉樹出現在高腳板屋的周圍。從河岸的獨木舟和魚網可窺出，這些疏疏落落的村舍，居住的都是靠河生活的打魚人家。

我這時逐想起巴當岸河豐富的魚產，最多的是巴丁、白鬚公、加雷和筍殼。休息日，我們也經常把渡頭當作釣魚台，甚至跳上停泊的船隻垂釣，讓晚間餐桌上多添一份美味。

除了魚產，巴當岸河也繁殖了大量的草蝦（udang kara），成了家知戶曉連餐廳也可吃到的名餚。有一年連綿暴風狂雨，河水氾濫，淹沒了兩岸的低地，洪水回退的時候，大量草蝦在

岸上草叢裡「擱淺」，蹦跳掙扎。當然，最後都逃不出工友的魔指，是用麵粉袋裝回去，數量可想而知了。

從渡頭逆流而上，一直到銜接兩岸的橋頭，有個政府的渡頭。這段水路，舯舡要走一小時半，雨季山道泥濘的日子，我們偶然會用這條水路，由橋頭的渡頭上岸，再乘車入城鎮。

這一段漫長的水路，與下游兩岸各顯異色。這裡只見古樹舖天蓋地，稠稠密密地把陽光擋在半空裡。但是我特別喜愛這種蒼茫而近乎蠻荒的環境，在汩汩不絕的水聲裡，一路是嘯嘯猿啼啾啾鳥叫，還有鹿鳴呦呦，和象嚎狼嗥。樹叢下，白鷺三三兩兩，作金雞獨立式的沉思，姿態極其悠閒。而最常見到的則是野豬，成群結隊在河岸覓食。

那時，巴當岸河兩岸的林野正待開伐，一條條沉重的樹桐由卡車運到河岸，而從水路送往城鎮。所以，河岸出現不少十分規模的積木場，船期將近時，樹桐堆積如一座小山坵。木場的碼頭比我們園坵的渡頭，結構寬廣穩健得多了，伸出河岸的平台可以承擔重型機械來去奔走，把一條條樹桐從河岸挾起，通過平台送上泊在河岸的駁船上。

樹桐上完了，駁船即由舯舡拉動，沿著河流直奔大海。

但是，並非所有的樹桐都要靠駁船運輸，樹桐可以直接拋入河裡，用鐵鉤和繩索逐條連繫著，作V字形排列，由舯舡拉走。這種利用樹桐飄浮拉動的運作，叫做「魚骨串」。說來令人驚嘆，有些「魚骨串」長達幾公里，同時為了避開船隻，「魚骨串」多在傍晚才開始運作，浮木上有人顧守，入夜還燃上油燈，像飄游在河面的一條巨龍，蔚為奇觀。

　　山塞距離巴當岸河只有兩里多路，午夜夢迴，有時也聆聽到舯舡軋軋軋拉動「魚骨串」的聲響，那麼清晰，又那麼深沉，在靜謐的夜空裡蕩漾。

倉鴞剋山鼠

　　來到風之鄉，走向可可與油棕業，讓我的接觸面突然展開，因此有機會學到多樣化應對各種野獸的方法——無論是大象、野豬、刺蝟……，都顯出種植人具有高度的應變能耐，同時更發揮了人類的智慧。

　　有些野獸，不但摧毀油棕幼苗，更喜歡把油棕果實當餐。幸虧吃棕果的野獸一般上都沒有爬樹的本能，油棕長高了就吃不到棕果。

　　長期危害油棕的以山鼠最為猖獗。山鼠不只啃吃油棕幼苗，把苗圃的幼苗當餐，成熟的棕果也是牠們饑餓時瞄準的目標。最要命的是，牠們有鑽洞和攀高的本領。吊在二十多呎高樹上的棕果，山鼠一樣可以從容而悠閒地攫取。

　　雖然比起大象和野豬，山鼠的食量不大。可是，牠們的蹤跡無處不在、繁殖力強，尤其原始森林，更為山鼠的活動天堂，叢林開墾後山鼠目標轉向油棕。山鼠由於體形小，處處都可以匿藏，要撲滅可不容易，所以鼠害成為耕農面對的大問題。

　　不知是那一位善動腦筋的人士，利用「一物治一物」的原理，把倉鴞「請」到油棕園，把牠們變成得力的助手，從事撲滅山鼠的工作。

「一物治一物」，本來不算什麼新鮮事，我曾經在一間大米較的穀倉裡見過蠕動的大蟒蛇，是米較主人飼養的，專捕食老鼠。但想到利用倉鴞，卻頗有創意，因為大多數貓頭鷹偏吃蠱蛇，只有Barn Owl專吃老鼠，不動蛇類。

倉鴞為貓頭鷹的種屬，被馬來同胞稱為「鬼鳥」（burong hantu）。貓頭鷹種類繁多，但多數種屬捕鼠兼捕蛇，而蛇滅鼠，也是油棕果實的益類，不容傷害。只有倉鴞獨沽一味，專捕山鼠，因此，果實成熟的油棕園，高高的「鴿子屋」東一間西一間，惟住的不是鴿子，而是倉鴞。園主為了減少鼠害、保護棕果，為倉鴞打造了遮風避雨的家，讓牠們生活並繁殖。

貓頭鷹屬於日伏夜出的飛禽，白天棲息，天黑活動。倉鴞視聽俱敏，動作快捷；通常停息樹上，聽到聲響即飛撲沖下，像倉鷹一般以尖銳的雙爪攫取獵物——山鼠。

多種貓頭鷹中，倉鴞最易辨認。倉鴞的頭部形狀最奇特，圓圓的有如一顆萍果，羽毛呈灰色，那對眼睛明亮同電光，喙雖短但非常尖銳，加上那雙老鷹一般長而有力的利爪，摸黑夜出覬覦棕果的山鼠，遇見這種倉鴞，就像野兔遇到老鷹一樣，難逃劫數。

倉鴞的身形瘦小，翅膀寬大，所以飛躍的沖刺力強大，快速而準確，對山鼠的撲殺非常有效。

可惜，風之鄉不產這種貓頭鷹，所有的倉鴞都從半島入口。現在，在油棕園不斷培養繁殖下，數量已大增。倉鴞容易馴養，但一間鳥屋要雌雄配對，才能永久居住，單隻飼養往往不久就消逝蹤影。

　　倉鴞不愧為山鼠的剋星。

　　利用水牛運輸油棕，利用倉鴞撲滅山鼠，耕農都發揮了對自然生態的智慧與力量。

　　　　　　　　　　　二〇〇九年十一月十二日修定

空心菜吹起了喇叭

隨著時代的改變與人口的遽增，過去一些不受注目的平凡青菜，今天已普遍地受到歡迎。

空心菜便是最顯明的例子。

多數人都喜歡把空心菜喚做蕹菜。這種身價低微的莖屬蔬菜，現在連高級餐館都列入菜單裡，一碟「馬來風光」吃到賓客汗滴鼻水流，痛快無比，又經濟又實惠，成為餐館中最普遍和受最熱門的菜色。

空心菜分兩種，菜市最常見的籽生種，莖葉向上直立生長，成長後菜農連根拔起出售。另一種是水生空心菜，在池塘或沼澤裡匍匐，縱橫交錯，割後又再蔓長，有如藤蔓。「鰺魚蕹菜」所用就是水生空心菜，莖粗而葉形大。

在半島我們想吃空心菜，不論是籽子種或水生種，都要到菜市花錢買，走到田邊郊野、魚塘溪畔，也難找空心菜的蹤跡了。但是，在沙巴遠離城鎮的原野邊陲，只要有陽光撒落的角落，就有空心菜的影子，在山道兩旁匍匐蔓延，或在溪邊河畔繁衍蔓長。

在風之鄉的山寨裡，假如你想吃空心菜，只要到可可或油棕園裡去，泥徑兩旁和流水不急的河溪，你會輕易地發現這種

翠綠肥美的莖類植物，順手一摘，「啪」地一聲，斷節時發出清脆的聲響，那是又嫩又脆的訊號。

因為是簇叢蔓生，四處蔓延，所以我們吃空心菜專挑鮮嫩新長的尾節；除了水份充沛，還有欣欣向榮的活力，吃起來比菜市買的更爽口。清炒蒜米絕妙，如果想炒成「馬來風光」，野生的指天椒結實纍纍，唾手可得，兩種即採即烹的最佳搭配，總教人吃到回味無窮、耳鼻生煙！

這些自立更生沒人照顧的莖類植物，總是綠意盎然、茂盛蓬勃，終年生生不息地盤踞在不受注目的土地上。起初，我以為只有肥沃的土層才適合空心菜生長，後來經常在拿篤和山打根的公路上來回，驚見路邊泥機推平的赤貧地段，向陽舞踊的除了疏稀的雜草，沿途有更多空心菜吹起喇叭，迎風相送。

空心菜出現在鄉野村落、人煙稠密的地方，並不令人驚奇，那可能是路人散播的種子，但卻在四野荒蕪的公路旁展示力量，默默地爭取一片生存空間，即令我百思莫解了。那會是原生品種嗎？

我雖無法找到答案。但卻深深地敬佩那自立更生的生命。你能不對牠們堅韌的生機而歡呼、而歌頌嗎？

我曾經為靜靜生長的空心菜動容過，並為它們奏出一首歌，其中最後一段是：

⋯⋯⋯⋯⋯，

只有空心菜不受
任何主宰，

得意地

傲然舉起

白色小喇叭，

為過客

一路吹起順風的歌！

　　空心菜長在沒有人煙的赤貧地帶，把馬路兩旁點綴成另一種綠色風景，靠有限的養份和天然的雨露寂寂地享受自然的賜予，能夠自由綻開喇叭狀的白色花朵，為路客吹起一曲順風的歌，那是多麼瀟洒的生命啊！

　　遠離風之鄉多年，油棕可可園裡和公路沿途的空心菜，經過無數風雨的沖滌，如今不知變成怎樣的景觀？

哨棒情濃

哨棒上的雕花。

　　古時代，要出遠門走山道，簡單的防身武器不外乎一根四尺多長的哨棒。

　　《水滸傳》裏的英雄人物武松，帶著酒意走上鬧虎的景陽崗，手裏拖著的便是一枝輕便的哨棒。在迎戰吊睛白額虎時，一時大意，哨棒失準打在枯樹幹上，折成兩截。但武松憑他的神勇赤手空拳將猛虎擊斃，成為陽穀縣的打虎英雄。

　　由此可見作為武器，哨棒過於脆弱和簡單，遇上強敵不堪一擊，不可過於倚賴。好處是輕便，走遠路攜帶方便。

　　可可園裏的工友，不論是編排在除草、噴藥、採果或施肥工作的，都必須隨身攜帶一枝哨棒，這是園方管理設下的條規。風下之鄉遍佈野獸，實行攜帶哨棒，作用不是要工友防身或驅獸。

　　原來可可樹矮枝繁、葉叢茂密、葉片寬闊，同時種植密度又高，每英畝擁擠著四百餘棵，成長後的可可林看去就像一片密密麻麻的叢野綠林，圓球狀的葉冠舖天蓋地，株行間一片蔭翳，大白天也昏沉沉。

　　這樣的園林環境，在管理上形成了一道障礙，不能像巍峨挺立的油棕和橡膠那樣，樹林中空蕩蕩，工人在園裏的活動遠遠就可一目瞭然。更確實地說，經理和管工巡視可可，東西難辨，對工友的蹤跡茫無頭緒，更遑論在工作上作出改善與糾正了。

　　於是，哨棒的管理方法就獲得可可種植人的認同了。

　　所以，可可園裏的哨棒，並非為防身，而是工作活動的指標。任何雇工，在受聘後，必先準備製作一支刻上自己名字的哨棒。每天出門，哨棒必隨身攜帶；清晨列隊報到，管工檢查工具，除了巴冷刀、果剪、還有哨棒，「三件寶」不可或缺。

　　可可樹種植繁密，病害蟲蝕，由樹根枝椏到葉片和果實，無處不侵，因此管理不易。工友不管男女，每人分配負責十英畝園地，工作包括除草、施肥、採果、噴藥，都是一人包攬。十英畝土地面積不算寬廣，但涵蓋著四千多棵枝葉稠密、結實纍纍的可可樹，管理不當，百病叢生，可能毫無收穫。

所以哨棒作為管理的標誌，所有可可園工友的必需。

可可的種植非常系統化，每百英畝劃分一組，作長方形排列，每行種植一百棵可可樹，四面是車行道。可可樹秩序井然，工友到達工作地點，跳下拖拉機，把哨棒插在路邊，然後才走入樹行間勞作。哨棒刻有名字，經理或管工一看便知道樹叢裏誰在勞動。當工友從第二行樹回頭的時候，又將路邊的哨棒移至第三行可可樹，如此周而復始，哨棒隨著工友的工作進度而轉移，似乎是一名管工，永遠站在路邊指示主人的腳步。

在可可種植區，哨棒看似一支簡單的名字木刻，實則為印尼工友每天出入必帶的隨身物。他們重視小小的哨棒，可以從哨棒製作藝術化中窺探和領略。從蠻荒叢林發展為可可園的墾植地，製作哨棒的木料唾手可獲，但工友卻不輕率拾取，他們篩選上好的木質，削平刨滑磨光之後，在木棒上精雕細琢，除卻刻上自己的名字，還在木棒上端雕上各類條紋、蟲鳥、花草，還細心釉彩，使完成的哨棒看來如同一支帶有崇高意義的權杖，更像一件雅致的藝術品。

一般上印尼女工都重視儀表，出門工作也不忘略施脂粉。我在巡視工作的時候，赫然見到一支插在路邊的哨棒，雕花琢草之外，正面上端猶鑲著一面小鏡子，看名字知道是女工。配製深具巧思，也頗含創意。採果剟穀、施肥除草之餘，難免蓬頭垢面，放工回寨之際，整理髮鬢，哨棒上的小鏡子作用可大呢！

另有工友則在哨棒上切一條小縫隙，在縫隙間插一支箭頭，把哨棒轉化為路標，彷彿告訴路人：「我在這裏！」

　　在可可園任職多年，細心觀察，從哨棒的製作也獲得不少啟示：那些重視哨棒、把哨棒精雕細琢的工友，都是工作認真且富有責任感的工友。即使工作期滿回鄉，絕不會把哨棒棄置。他們很珍惜地將哨棒收進行李，當作人生旅途的小小紀念品吧？

　　哨棒，似乎又是工友工作態度的探測器。

二〇〇九年十月重修

鑽石樹百年不朽

鹽木成長緩慢，這棵樹已種植十餘年
了（方良泉提供）。

　　童年那段日子不算，從我走進膠林任職起到東渡風之鄉，
我已經營營碌碌地做了二十五年耕農了。可是，慚愧得很，我
對林木的認知極為有限。

　　森林樹木不只種類繁多、琳瑯滿目，而且樹名稱呼又分
植物學名、國語名（馬來語）、英文名，有些樹名字又長又難
記，而與我們華人取名又大異其趣，好像風馬牛不相及。

若選擇樹木名錄，我寧可寫國語名。馬來語的樹名雖帶土氣，與樹的形象卻頗貼切，例如散發香氣的黑木叫kayu malam，堅硬如鐵的鹽木叫kayu berlian。而我轉換環境，從橡樹林走進雜樹鋪天蓋地的荒原叢野，第一個留在我腦海的樹名就是鹽木，也是馬來同胞所謂的「鑽石木」——kayu berlian。

把樹譽為「鑽石」，的確烘托出它堅硬的實質。因為鹽木連鐵釘也打不進，硬度可想而知；即使浸入海裡，也百年而木不朽。我們華人卻叫它鹽木，也叫鐵木，比起馬來語就雅俗互見、相形見絀了。鹽木因為重，所以落入水裡像拋石頭一樣，「撲通」一聲即沉底不見了。

鹽木屬常綠喬木，樹形高聳，橢圓形的葉片比雞蛋略大，枝葉並不特別濃密，但卻向下低垂，可能與它沉重的果實有關。鹽木的花串細小，從葉腋中冒出，果實垂掛於葉端，狀如長形的檸檬，三兩粒成一掛，也有些葉端只結出一顆。因為果重而葉疏，所以果實成熟後的鹽木，遠遠看去，非常顯目，最容易辨認。

鹽木的果實成熟後會自動離枝掉落，佈滿皺紋的外皮容易被雨水腐化，露出灰白色的莢殼，像一層鋼皮那樣保護著內部的果仁。公司的李總有一回囑我們培育鹽木，工友在叢林一天就拾了幾百顆回來，我們想加速發芽，於是就採取「去殼催芽法」，我好奇地掄起鐵錘，沒想普通木匠的鐵錘一捶擊下去，鹽木的果實竟然完整無損，原來鹽木不只木堅如鐵，它的果實也形如銅牆鐵骨、不易鑿裂。

這一個發現，想我驚訝不已！

自然生態有許多現象令人陷入迷思，一顆鐵錘敲不破的果殼，內部的果仁如何能在歲月風雨的催促下，為了繁衍下一代，能夠排除萬難，突破堅強的圍困，冒土而出，迎向微笑的陽光！

鹽木是婆羅洲的特產，只有砂拉越、沙巴和加里曼丹的森林裡才見到，所以沙巴州政府與印尼都將鹽木當成「鑽石」一樣保護，禁止輸出，留為國內專用。

這對耕農極為有利，使所有留在叢林裡的鹽木都成為我們造橋的最佳材料，經濟、方便、堅韌、持久，讓我們在開路造橋上解決了一個材料的難題。

利用鹽木造橋，鋸成木板需要非常鋒利的鋸鏈，鋸手要經驗老到，控制得宜，才可鋸成端正的木板、枋條。因為鐵釘不管用，木板銜接處都要鑽洞以鐵桿螺絲鎖緊，遠不如鐵釘那麼簡單方便，但鹽木建造的橋樑堅固而耐風雨，是我們的第一個材料選擇。

所以，在原始山林裡發展油棕，發現鹽木就如同發現了鑽石，原因是橋與路是所有園坵的急先鋒，也即是說，橋與路拓展園坵一切運作的進行，從開墾到種植，從種植到收成，橋和路都扮演著重要的交通角色。

鹽木不是鑽石，但卻像一支啟開尋找鑽石的鎖匙，有了這支鎖匙，耕農就可以很方便地走向坦蕩的道路。

讓人猿回歸自然

人猿在吊索上來去自如。

斯比洛人猿中心入口。

　　來到山打根不參觀「人猿中心」，等於入寶山空手而回，是一個莫大的遺憾。可是，那天我走出山打根機場，已是萬家燈光時刻，翌日一早，就進入山林向公司報到，失去參觀人猿的機會。

　　直到幾個月之後，我到根城辦事，終於如願以償。提起人猿，很少人會感陌生，在我國連小孩都看過，因為許多動物園都以人猿作廣告宣傳，是動物園最不可缺的賣點。

　　但是，山打根斯比洛（Sepilok）的人猿卻非看不可，不只這裡是我國最大的人猿中心，大大小小的人猿難計其數，與動物園最大的區別是，這裡的人猿沒有被圍困集中在鐵籠，牠們像野生動物一樣，在幾百英畝遼闊的原始熱帶雨林裡奔騰跳躍，自由來去，無拘無束逍遙快活地生活。

　　這個人猿的活動天堂距離根城約8公里，由大路轉入僅3公里，是一片早年的州政府森林保留地，人猿中心的全名為「Sepilok Orangutan Rehalibitation Centre」——正確該叫「斯比洛人猿救援中心」吧！

　　車停以後，首先見到的是幾間簡單但風格獨特的建築物，其中一間為人猿活動圖照的陳列所，有時間性為訪客放映介紹人猿的影片，讓遊客在走入森林之前，先對人猿的生活習性有個初略的了解。

　　想見到人猿，得步行二十分鐘，經過彎彎曲曲的棧道，周圍古樹舖天蓋地、高聳林立，從密密叢叢的綠葉間篩落下來的陽光，嬌柔無力。迂迴輾轉裡，一路蟬鳴鳥囀、唧唧蟲嚷，使遊人有遠棄塵世、投入空山之感。

將近早上十點鐘，終於來到人猿集散中心了。這裡最惹人眼目的，是樹與樹之間繫著一條粗繩，縱橫交錯，從深邃的原林延伸而來，有些接到樹上搭建的平台，也有的接在大樹半腰，而人猿就沿著這些高架繩索來去，而早上十點便是牠們出來集體享受早餐的時候。

果然，人猿比人類還守時，我才站定不久，繩索擺動了，只見幾隻人猿一前一後，以相同的姿式——兩隻前臂一抓一放的方式前進，把身體吊在半空，那樣子有點像馬戲團的空中飛人表演。我轉身再看另一邊，繩索上吊著的人猿更多，有幾隻已站在搭台上的拚命搖晃繩索，企圖把同伴從高空震落地上，吊繩上的人猿發出嘶叫，但仍然沿繩索前進，速度顯然放慢了；另外有兩隻體形相若的人猿卻在吊繩上發生了爭執，互相推擠，不時只以一支手臂抓緊繩索，動作既滑稽卻又驚險，但始終不見有人猿從半空掉下，卻博取不少遊客熱烈的掌聲！

忽然，嘶叫吵鬧聲戛然而止，原來早餐到了。幾名人猿管理員手提塑膠桶，走上平台，把桶裡的水果散在地板上，最多的是香蕉和木瓜，還有番薯、木薯夾雜其間；另一人則提桶沿著木梯子，攀到大樹上的搭台去飼養早已等在那兒的人猿。

可能那天是周日，人猿中心人潮熙熙攘攘，其中不少是手提攝影機或照像機的外國遊客，無論是拍照或聆聽嚮導的講解，他們都顯得那麼地投入、那麼地專注。

看來人猿不只與管理員熟絡，對遊客也一樣不陌生，一面張大金睛火眼覷覰遊人手中的包袋，一面蹦蹦跳跳趨前來討吃，於是煞那間花生、麵包、餅乾、開心果……紛紛出場，甚

至有的人猿把掌中的香蕉棄擲，靈巧地轉移目標，彷彿有更美味的食物輕易可以到手。

有個洋女人真膽大，居然餵完食物之後，還將一隻小人猿擁抱入懷，滿臉笑容，對準錄影機叫同伴替她錄影。也許，人猿，這在進化論中最接近人類的稀有靈物，在全世界的人眼中都是一種曠世珍寶吧！

這是我初遊「斯比洛人猿救援中心」所見，那是一九九〇年冬初。兩年過後，為了一個遠方的朋友，我重訪人猿中心，景物依舊，但人猿活動中心各角落都豎起了「禁止餵養人猿」的告示，我捏著手中幾包碎麵包，不禁愕然。

後來，我問管理人，才明白道理。過去人猿中心花大量人力物資餵養人猿，培養了牠們的依賴性和懶惰性，無法適調對大自然的變化，漸漸喪失了自立生存的本能；而原本在森林裡自由生活的人猿知道人猿中心每天有定時的早餐和午餐，都紛紛投靠過來，這樣一代代傳下去，愈來愈多的人猿會成為森林中的「寄生蟲」，擔心有朝一日會走向滅亡，自然生態也因此失去平衡，這自然不是件好事。

所以，人猿中心現在改變了政策，每天只餵養一餐，而且食物也有限量，讓牠們半飽，牠們回去森林就會尋找野果樹葉充饑，最終的目的就是讓牠們回到大自然自立更生。否則，「人猿救援中心」就失去意義了。

如果想讓人猿在自然界中繼續繁衍，不是為牠們提供大量食物，而是保護綠色環境，讓牠們長期在不受干擾的原野裡尋找生活天地。

　　我想，不只是人猿，民族也一樣，一個民族必須自立更生始能壯大強勝；依賴援助或救濟生存，會逐漸喪失兢爭能力與沉淪。重遊「人猿中心」，使我獲得莫大的啟迪。

夜幕低垂，象鳴嘯嘯

　　各種職業裡，耕農屬於早行的人，凌晨五點鐘大地猶矇著黑幕，萬物仍未甦醒，無論夢鄉有多甜蜜，我們都迫得告別暖窩，奔向生活之旅。

　　作息有序，早起的人也必定早眠。實際上，是高高在上的職員也罷，是操勞揮汗的工友也罷，經過了一天的生活熬練，神勞體累，自然培養成早睡早起的習慣。

　　困在被油棕、可可和森林縈繞的山寨裡，大多數人晚餐後投注的焦點是廿四吋的電視屏幕，那是寂寞山莊工餘最高的享受了。

　　我的生活志趣有異與同僚，閒暇偏向閱讀、寫作，或者與各地文友通訊息。但我不是那種對文藝抱有極大史命感的寫作人，我不過興之所至，托文字抒發胸臆而已。

　　這晚，我靈思驟至，正在下筆疾書，突聞遠處傳來「哦哦哦……」的獸鳴，聲量穿原越野，一波接一波，宏亮悠揚。在山中蹉跎了一段日子，一聽就辨出那不是普通的野獸，而是群象前呼後應，趁夜色鋪天時刻出來活動，尋找獵物。

　　我的居所是一間獨立的高腳板樓，與同事的宿舍和辦事處遙遙相對，距離不遠但間隔著一片芒果園，縱橫交錯的榴槤、

芒果枝葉婆娑搖曳，宛如一道稠密的綠牆，造成彼此呼喚不聞，相望也彷彿遙不可及。

——哦哦哦！哦哦哦！

——哦哦哦！哦哦哦！……

鳴聲愈來愈緊密，音量也越來越宏亮，使我悠游於文字的思維無法繼續；轉頭一望，壁上的時鐘指著九點，還早呢，山寨的發電機猶不停吐出呼喚聲，距離滅燈時刻尚有一小時。還早呢，早睡早起的我猶在燈下安排下一段文字。

思緒被攪亂後，我猛然想起象鳴嘯嘯那個方向，原是一片遼闊深邃的曠野，森林成為我的居鄰，地主卻遠在香港，也許是空置關係，使這片深林保持原本的荒涼。

野象食量驚人，常越嶺過山巡迴尋覓獵物，好幾次曾在我樓外的荒林裡出現，但憑聲聽影，從來沒有距離得這麼近，近得幾乎即將干擾我的居所。

這使我猛然想起，我居所右邊長著百多棵木瓜樹，都結實纍纍了；木瓜樹邊緣還疏疏落落種植了高低不一的黃蔗，這些都是龐然大物夢寐以求的最愛；走出荒林跨過一條泥路，對我小小的果園就是一場浩劫了。

——哦哦哦！哦哦哦！

正如我所料，那叫聲的震蕩力，穿窗越戶，我感覺到整座樓房都在聲浪的沖激裡。我肯定野象已衝過泥路了，甚至開始在木瓜林中肆虐，因為象蹄踏地的聲音與樹倒葉落的轟然巨響一起傳入我的耳膜，聲波像亂箭般刺痛了我的心臟——那片小小果園是我多年經營的心血。

　　板樓的燈光仍然照明，前後左右各有一盞光管，但四十瓦特的亮度如何驅逐無邊界的漆黑！燈光給我溫暖，但光亮也暴露了自己的身份，萬一野象衝向板樓，我該怎麼辦？我雖擁有一把獵槍，但很少用來打獵，命中率奇差，但我想，即使擊傷了其中一隻，驚慌之餘發起惡來，招集同伴衝到樓下，把六棟比象腳還小的樑柱用長鼻一鈎，那後果同樣對我不利……。

　　慌亂中我想起了救兵，馬上去撥無線電話（那時輕便的手機還未出現）給Kenny和Dadong，那兩個鐵膽神槍手是我唯一可信賴的護航。可是，可是我連續撥了幾次，全無反應，好傢伙，省電池把電話關了，還是鑽進暖窩裡去了？

　　救兵沒來，敵人可來了。大象的嘶鳴與腳步已經趨近板樓，同時傳來木瓜樹必啪的斷裂聲。人的情緒也許都會這樣，此刻我已從驚惶失措轉為平靜淡定，心中默默地祈禱：你們就飽餐一頓吧，只要不把我的板樓當成目標！

　　於是，一群龐然大物就在我的果園裡歡慶宴饗、直到深宵。我知道費盡心血經營的木瓜和黃蔗，都全部進入了群象巨大的腸胃裡，化為熱能了。

　　早睡早起的早行人，第一次驚惶失措。那夜無夢，也無眠。

寂寞的山寨

　　開荒闢野從事農業，兼備刻苦耐勞還不夠，最要緊是能堅持叢林的孤寂生活。

　　一個久居城鎮、喜泡夜店的人，見慣了燈紅酒綠、色彩繽紛的繁華景象，走進林高風響、四野蒼茫而寂寞的山寨，那種燦爛與悲涼的落差，不只生活步調必須變更，連心靈思維也得重組革新，才能駐守園林。

　　李總悄悄告訴我，在我未來沙巴之前，有位西裝革履的年輕人前來山打根辦事處應徵，簽下合約後踏入叢林圍繞的山寨，上班三天就收拾包袱，匆匆地溜走，臨行前還拋下一句話，令人深思：

　　——這哪裡是人住的地方！

　　紮在森林邊緣的山寨，周遭除了可可和油棕，更遼闊茂密的是原始熱帶雨林，一望無際。走出戶外，四面八方只有幾條通向園邊山野的泥路，蜿蜒而狹窄。泥路只清晨和午後有趕路的工人與稀落的車聲，其餘的時間卻是一片靜謐清冷，到了夜

晚還成為大象、山鹿、野豬和刺蝟覓食的通行道，大大小小、深深淺淺的蹄印直叫居城的人退避三舍、見之心寒！

我上班第一天，就在偏僻的泥路見到大象縱橫交錯的足跡，撒落路上的糞便排列了好幾公里才在密林深處消逝。那晚剛好下過一場大雨，泥路潮濕，泥土中的蹄痕特別深沉明顯，似乎向我暗示大象的體重與數量。

我在半島的橡林裡蹉跎了廿五年，與野豬、刺蝟、穿山甲有過不少擦肩而過的驚悸，卻從未與野象這樣的龐然大物邂逅。

所以，初見泥路上的象蹄，愕然一驚，有股寒意自心胸湧起。一起活動的李總見我臉露異色，即刻安撫道：

「大象黑夜出來尋找食物，天一亮就像朝露般消逝得無影蹤了！」他說的是真話，後來我知道，大象體型雖大，卻很少與人對立：縱使我們手上沒有槍彈，碰頭它們總先轉向而去的。

對居城人家，山林的荒涼已令他們難以忍受了，更何況長期要與野象對峙，人跡與象痕在一片土地上重複交疊。這樣恐怖的場景，難怪令「白臉書生」驚魂落魄了。而荒野叢林中的山寨，在舉目蒼茫的環境裡，不過是萬綠叢中一個微小的聚落，幾百名在生活邊緣的職工夜晚寢食安身之地。雖然沒有完全和城鎮隔絕，但泥路缺乏維修，凹凸泥濘，山寨與外界的溝通的確備受困擾。

在這樣偏離繁華的邊陲區域求生，必然需面對重重挑戰。我算幸運，我來時山寨已經建造了長達七年了，辦公廳、診療所、職工宿舍、水電等，普通設施都有了，居然還被形容為「不是人住的地方」，從農耕的視角，真不可思議。

想想最初開墾的先鋒隊，他們篳路襤褸，住樹皮當圍牆的茅寮，吃喝潭水，一入夜就要鑽進蚊帳裡避難——逃避瘧蚊，也一樣早起步行去開荒闢地。那樣艱苦難捱的日子都有人原意承擔。那真是勇者無懼，令人欽佩的抱負！

領航先鋒隊的楊經理告訴我，他最初進入鬱鬱蓁蓁的叢林尋找邊界的日子，茫無頭緒，只帶領幾個工人靠一支指南針，在藤蔓縱橫、古樹蔽天的密林裡尋尋覓覓，疲累了坐地歇息，饑餓了餐罐頭，晚上與工人一起擠篷帳。足足有整年是睡篷帳吃乾糧度過的。

那段以天為幕、以地為床的日子，夜夜和紛飛的蚊蚋作伴，周遭是蛇蠍禽獸，那才算是「非人的生活」。可他沒有放棄，只堅持一種信念：把蠻荒闢為經濟的綠色園林，打造一個有宿舍、有水電的環境，建立一個員工日裡作業夜可安枕的農莊。

達爾文在《進化論》中說道：「物盡天擇，適者生存」。一個人能否安居樂業，環境不是排在最前端，重要是如何看待生活。如果一心追求逸樂、享受人生，肯定不能開疆拓土。從事農耕，更難是在荒涼的山寨裡日夜堅守。

二〇〇九年十月十五日重寫

音樂迷醉了鼠鹿

　　森林裏的動物，給人一種兇猛暴戾的感覺。爪利齒尖、四肢發達的禽獸，難道還有溫柔可親的嗎？

　　肯定有。一名曾經開荒闢地，在森林邊緣生活過的人，一定知道森林中至少有兩種小動物，不但不傷害人類，而且性情柔順。

　　指的就是鼠鹿和懶猴。

　　鼠鹿，四肢纖細、身軀嬌小、跳躍敏捷、雙目明銳、耳聽八方，稍聞聲息，向荒草叢一竄，便消失得蹤影渺茫了。

　　集靈巧、活潑、驍勇、刁竄、機警於一身，鼠鹿成為森林中的小精靈。牠既無利爪更無尖齒，卻能在廣袤的綠林裡悠閒地生存，而且經常是獨來獨往，孤傲不群，在逞強欺弱、百獸混雜的蒼茫林野，鼠鹿以骨瘦嶙峋的纖纖軀體，以飄逸閒適的姿態，穿山越野遊蕩，的確令人側目相看。

　　因此，鼠鹿的聲名非常響亮，牠不只出現在風之鄉的叢林裡，很多國家的熱帶雨林也是鼠鹿的棲身所。在流傳的馬來民間故事中，鼠鹿享有崇高的地位，提起甘吉兒（Kancil）連小孩都知道，那是我國森林中一種智勇雙全的小動物。

甘吉兒與森林中的鱷魚、老虎、豺狼，鬥智鬥力，總是超群出眾，化險為夷，顯示出小鼠鹿的機靈與可愛，獲得大人和小孩無窮的信懶，甘吉兒的形象也因此深入民間、家喻戶曉。

話說有一年的大旱天，小溪流的河水都乾枯了，甘吉兒只得走很遠的路到一條鱷魚河去找水喝。喝飽了，正當牠想離開的時候，一隻腳不幸被一條鱷魚咬住了，於是甘吉兒心生一計，對鱷魚說：「鱷魚大哥，你吃了我沒關係，可是我家裡的妻兒也會傷心死去。與其讓牠們死在森林裡，不如我把牠們叫出來，讓你飽足一餐，我們也可死在一起。」貪婪的鱷魚一聽也是，鼠鹿這麼小，怎麼夠飽，不如暫時把牠放了，然後一起大嚼三隻鼠鹿。甘吉兒卻一溜煙消失在森林裡，再也不出來了。

像這樣以鼠鹿為主角，在森林裡與其他野生動物角力的故事，俯拾即是。每一則故事不但情節絲絲入扣、引人入勝，鼠鹿面對猛獸那種淡定自若、神情冷靜，以出人意表的應變能力，克服難題。

可惜，這些都是美麗的傳說。實際上，森林裡的鼠鹿，除了身形瘦小、竄跳靈活，並不如故事中那麼急智善變，反而經常誤闖樊籠，被獵人佈局誘捕，最終遭送上砧板。

鼠鹿身瘦靈活，在雜草灌木叢生的林間，槍彈發揮的效應不大，命中率低，因此獵捕鼠鹿多用鐵籠誘捕，辦法如同誘捕刺蝟一樣。鼠鹿以灌木嫩葉、野果等為生，食量又不大，對油棕、可可一般上無害。但肉質鮮美，沒有腥臊，成為野味中的上品，因此常遭捕殺。

用鐵籠誘捕鼠鹿，以木薯、番薯作餌，把鐵籠放在鼠鹿經常出沒的地方，鼠鹿走進鐵籠觸動「機關」，活門蓋下，小精靈就欲逃無門了。

另有一種妙法，不用籠不用餌，而是用聲音催眠，不費吹灰之力生擒鼠鹿。印尼工友即用催眠法，叫鼠鹿自投羅網。

「用新方法捕鼠鹿，要不要去見識見識？」Kenny有次問我。

原來工友發現了鼠鹿，邀Kenny同去狩獵。Kenny最本事是用槍彈，有什麼新妙計，引起我的好奇心。

我們帶著獵槍，Kenny駕了越野車，和幾個工友一起出發。大約經過了十餘里路，我們便把車停在路邊，下車走進叢林。那是一個月明的夜晚，林間除了蟲聲唧唧，四周顯得很寧靜。

走了不久，工友叫我們放輕腳步，把音量壓低。涉水過了小溪就停下腳步，一個工友輕聲說：「就是這裡。」

我和Kenny肩膀都掛著槍。昏沉茂密的夜森林隨時都可能有野獸突然出現，我們夜晚出門槍彈是必備的隨身物。三個工友輕裝打扮，手上只有細繩與巴冷刀。他們用什麼「奇門遁甲」擒鼠鹿，我滿頭霧水，半信半疑；倒急著想知道。

我們揹亮手電筒，在周圍照射，確認是鼠鹿出沒之處，便匿藏在一棵大樹下，靜待工友出招。只見他們一起盤坐在地下，用兩支筷子般大小的樹枝敲打地上的落葉。

——的的躂、的的躂……

——的躂的、的躂的……

——躂躂的、躂躂的……

　　三雙手六根樹支，竟在枯殘敗葉上擊起動聽的樂章，旋律時快時緩、忽高忽底，時而如緊鑼密鼓，忽又像簷前滴水，聲音雖細小，在靜寂的夜裡卻悠揚飄蕩，在林間激起一波又一波的節奏。

　　「的躂的」地敲打了整小時，周圍依然一片沉寂，沉寂得可以聽到彼此的呼吸。Kenny顯然不耐煩了，在我耳邊說：「動物真會聽音樂嗎？」

　　就在這時，忽聞窸窸窣窣的聲音，接著一隻瘦小的動物影子在朦朧的月色下出現了，驚訝的是，牠晃晃蕩蕩，步伐像酒徒般搖頭擺腦，再仔細看清楚，牠彷彿隨著「的躂的」的樹葉聲婆娑起舞，陷入沉醉而得意忘形的境地，一蹬一跳地尋找「音律」。

　　——的躂的、的躂的、躂躂的……。六根樹支像擊鼓般密密地敲打枯葉，節奏愈來愈緊，鼠鹿也更沉醉了，醺醺然趨進我們藏身的大樹，一名工友見機不可失，手中打圈的繩子往醉鼠鹿頸項一套，牠酣夢未醒，四條細腿已被牢牢捆緊，再也掙不脫了。

　　樹枝是手指，枯葉像琴鍵，手指繼續潑弄琴鍵，「的躂的」的聲響不絕，不久又見到一隻鼠鹿醉意闌珊隨音響現形，滑稽的舞步沒有改變，牠的結局也沒有改變，被工友五花大綁。

　　那晚近午夜，我們才息鼓收兵，共擒獲四隻鼠鹿。

　　海中放音樂引誘魚兒，早有所聞，以聲音引誘動物，還屬罕見。

　　　　　　　　　　二〇〇九年十月三十日修定

又是蝙蝠起飛時

一到夜晚，撲撲穿梭的蝙蝠，就在山寨的晚空忽高忽低地飛掠，追逐從叢草裡出現的蚊蚋。

這種蝙蝠，在西方故事中總是以魔鬼的形象出現，給人予陰森森的感覺。蝙蝠拒絕陽光，日間喜歡躲進黑黝的岩洞裡倒掛著睡眠，會飛卻又是鼠類，兩眼紅光，相貌怪異，身份曖昧，所以被打成邪惡的角色。

另外還有一種比食蚊蝙蝠大兩倍的蝙蝠，只有在榴槤開花和野果成熟的季節才出現。大蝙蝠對季節的敏感有如雁鳥驚寒，牠們知道什麼季節什麼地方有野果飄香，知道什麼月份榴槤開花結蕾，可以享受短暫的美餐。

由於大蝙蝠專食果實，所以又名「果子峇」。牠們的體形大，肉質幼細鮮美，成為獵人槍殺的目標。為了逃避獵捕追殺，大蝙蝠白天棲息於懸崖峭壁、深邃黝黑的山洞裡，像逃避人煙的隱士。

大蝙蝠在我童年的記憶裡曾經出現過。年幼時家境貧困，雙親為了溫飽而經常遷徙。有一段極短的日子，我們舉家搬到盛產榴槤的小鎮峭山，寄居在一位遠親的家。那個家，不是茅

寮，亦非板屋，而是在山腳岩壁縫裡的空間，前方用幾片鋅板擋風遮雨的地方。

每天清早，當我走出「石屋」，回首仰望，半山腰的岩洞裡總有一包包的「黑泥」沿著鋼索滑下山來，就落在我們住所旁邊。我曾好奇問父親一包包的「黑泥」要來做什麼。

──傻仔，那裡是黑泥！那是「飛鼠屎」，種菜用的肥料！

長大後我恍然大悟，父親口中的「飛鼠」，原來就是大蝙蝠，黑泥竟是蝙蝠糞混合石灰岩的天然有機肥。

小時候，不曾留意大蝙蝠的飛行活動，更沒想過牠們是日夜顛倒的動物。直到進學校讀書，知識增加了，才省悟大蝙蝠是榴槤花的主要交配媒介。榴槤花在靜夜裡開放，日間忙碌的昆蟲這時都歇息了，而大蝙蝠即在那時刻登場，因榴槤花淡然的幽香而長途跋涉。

有一段頗長的日子，大蝙蝠從我生活圈子裡悄然淡出了，來到風之鄉，牠們又重新在我的周遭季節性地出現，像候鳥一般掠過山寨的夜空。我不太清楚牠們的來處，更難確定牠們的征旅，也許間隔著幾十里，或者幾百里，但肯定會飄落在一片有野果成熟或榴槤花香的林間，悠閒地靜靜地參與一頓豐宴。

雁陣驚寒，才作長途跋涉，而蝙蝠只是為了那麼一頓餐飽，竟不惜越山穿林，忘了勞累去撥動臂膀。好幾次，當翼膜的「撲撲」聲從長空傳來，我推窗仰望，浩月當空，銀光下有無數小黑點在晃蕩，雖無雁字成行的壯觀，卻也排列有序，沒有爭先恐後的凌亂，也不見交叉重疊的錯縱，像一支高度訓練過的隊伍，行動一致地翩翩翱翔。

夜空蕩蕩如浩瀚銀海，那些徐徐滑行的小黑點，彷彿是銀海裡縹緲的點點小舟，向明潔的晚空蕩蕩飄去，沒有雁鳥淒切的長唳，也沒有野鴨失群的孤鳴。

我還注意到，在風緊雨急的夜晚，蝙蝠的陣容依然沒有改變，牠們一樣呼朋喚友，在箭雨紛飛的空穹裡秩序井然地奔向遙遠，尋找意屬心中的那片天地。

大蝙蝠也許知道，生活需要一顆堅定的心！

懶猴，無懼無畏

　　大象和野豬，可謂叢林裡的龐然大物，威猛兇狠，尤其大象，更是獨踞一方，霸氣十足。可是當遇見了我們，都自然而然退避三舍、轉向而去，逃離時還頻頻招朋喚友，彷彿大難臨頭，逃避求安。

　　走進叢林，我常常因此感到驕傲，好像我們人類才是森林中的霸主，所向披靡。直到有一天我和懶猴相遇，那種飄飄然的林中霸氣，從此頹然消失，無影無蹤。

　　懶猴那種遇強敵依然慢條斯理、無懼無畏的坦然態度，簡直令人難以置信。

　　這種體小如貓、性情溫文、態度雅彌的小動物，實際上屬一種樹熊，細柔的體毛絨絨密密，外觀可愛、性情溫柔，卻莫名其妙地被人們按上一個四不像的怪名——懶猴。

　　把「熊」稱為「猴」，對這種小動物已經很不公平了，還胡亂地形容做「懶猴」，就更加委屈牠們了。悠游閒逸，不退縮、不逞強、不殘暴，天塌下當棉被，在廣闊的叢林世界裡，從來不招群集眾，喜歡獨來獨往。牠們那種不畏強敵的勇氣，堪值一讚。

　　懶猴專吃野果和嫩葉為生，偶然也到可可園來活動，採摘
和嚼吃成熟的果實，但因體形小而食量不大，通常都沒有遭受
傷害和捕獵，任牠們來去自如。

　　第一次見到懶猴，就驚於牠兩顆深邃渾圓的烏眼珠，平偏
的臉龐與猿猴確有幾分相似。當時那傢伙在樹下咀嚼一顆黃澄
澄的可可，我隨意從腳邊抓起一根木條，特意放大腳步聲引牠
注意。

　　哪裡會想到，那傢伙充耳不聞、毫無反應，仍在咀嚼那顆
熟可可。

　　——嗨嗨！我發出驅逐令。但沒有回應。

　　——嗨嗨嗨！嗨嗨嗨！第二道驅逐令，也沒有回應。

　　——嗨嗨嗨……！第三道驅逐令，依然沒有回應，前腳仍
抓緊那顆黃澄澄的可可，絲絲然地連看也沒看我一眼。

　　假如我遇見的是高頭大馬的野象，或是獠牙露齒的山豬，
或滿身掛箭的刺蝟，我出盡丹田這麼一喚，群獸早就垂頭挾
尾、驚心膽跳往荒涼處飛奔逃命了，那裡有膽量與萬物之靈的
人類，拔河比併！

　　如此情景，真是孰可忍孰不可忍，一個小小貓兒一般的動
物，竟然對我視若無睹，人類高智慧動物的尊嚴何在？我本站
離懶猴有十來步，盛怒之餘，趨近牠舉起手中的木條就想當頭
劈下。那根手碗般粗大的硬木條，即使不令牠粉身碎骨，也必
叫牠五臟俱裂、氣絕魂斷。

　　可是，就在我手舉棒落之際，腦海裡忽然一轉，給溫馴全
無惡意的小動物一個致命的下場，似乎過於殘忍，等於用刀槍

對付一個手無寸鐵的人。再仔細地看，那毛絨絨灰白的身體，清純可愛，牠幼稚的心靈完全不設防。不，不是不設防，而是在牠的心靈世界裡根本沒有所謂敵人，所以無所畏懼。

剎那間，我覺得對牠傷害是一種罪過。於是扔棄了手中的木條，慢慢地緩步離開，讓純潔的小動物靜靜享受林間的孤寂與和諧。

擁槍的喜悅

作者冰谷舉槍驅猴。

　　有些人，不惜金錢，千方百計申請槍械，愛槍如命；平日一得空，就把槍管拿出來洗洗抹抹、敷油打蠟，視槍為第二生命。這些大都是喜愛打獵的人士。

　　我不喜歡打獵，又不愛玩槍，但卻曾經擁有長槍多達十餘年。實際上，在擁槍的日子裡，我只是保管，鮮少運用。主要是──我不喜歡殺生。

　　當年進入山寨，從前任經理接過管理的擔子，這裡頭就包含了一枝長槍和幾盒子彈。槍彈都是違禁物，接管槍彈，首先

得通過內政部稽查身份，證明清白才有資格向警方提出申請。所幸我在半島曾經擁有長槍，個人檔案齊備，簡化了手續上的繁文褥節。

比預期中更快，不到一個月，長槍和子彈都歸我掌握了。我們公司擁有五個區，每區各由不同經理掌管，都各自擁有長槍，作為保安和保護農作之用。

一般情況，橡膠、油棕、可可大園坵都有槍械，以保護產業。城市與園坵之間總有一段長路，攜擁薪餉，槍彈常常是唯一的安全傘。

從小香港山打根到寂寂的山寨，迢迢七十餘里山山樹樹，似乎有一半是崎嶇難行的泥濘山道，有些地段還是未經開墾的原始叢林，這樣的環境裡行車本就令人提心吊膽了，赤手空拳攜帶薪餉上路，連吃過豹子膽的九命貓都難免要退避三舍，不肯冒然接受使命。

所以，槍械就成了園坵業主出入的護身符。而我不只對槍彈沒有好感，其他殺傷力強的武器也同樣慊慊然，但因職責關係終無法逃避，讓槍械成為生活中一種必須的累贅。

雖然生平不愛動刀槍，也不喜歡打獵，但第一次擁槍，卻有幾分飄飄然，有一種生活上峰迴路轉的隱喻與喜悅。

當年投身北馬中部一個膠林，經過二十年漫漫的長路奔波後，終於獲肯定身份，從陳舊的高腳板樓移居到佔地兩英畝的獨立洋房。也在這時候，那管長槍就落到我的肩膀上了。

如今想起來，獵槍落到一個不愛打獵的我手裡，沒有充分獲得發揮，彷彿受到無限委屈。原因是除了每月兩次發薪，長槍隨

我出入橡林泥路，其他的日子總是被分屍藏在密不透風的鐵鉀萬裡，與鈔票同甘共苦。前英籍園主建造的辦公廳雖然簡陋，卻設計了一個牢固而寬大的鐵鉀萬，長槍拆成兩節收進去卓卓有餘。長槍和子彈可以藏進鐵鉀萬，使我高枕無憂。

所幸洋樓周圍是片果園，長槍才不致長期間被悶在鐵鉀萬裡。除了押糧餉，長槍在水果季節終也不辱使命，用來嚇唬饞嘴的動物。

我居住的洋樓地段寬闊，當然不是空置，周遭以鐵蒺籬圍繞，栽滿了榴槤、紅毛丹、菠蘿蜜、山竹等果樹，每年果季都結實纍纍。鐵蒺籬可以防止閒人進入卻防不了高空來去的飛禽走獸。

果實成熟的季節，貪婪的猴子、松鼠、果子貍、蝙蝠……，有的光天化日下明目張膽，有的趁夜摸黑趕程，沿著橡樹枝過枝覬覦果實成熟的香甜。明知那裡有危險，須要付出代價，但總經不起那馨香的誘惑。

不同果實有不同的成熟季節，榴槤過後是紅毛丹、山竹，然後菠蘿蜜。所以有頗長的時間長槍派上用場，子彈乒乒乓乓在洋樓周遭那片小小的果園響起。

也因此，果季裡追逐群獸成為我生活的一部份，有時遇到頑冥不靈的傢伙，槍聲彈響嚇唬不了，難免要真個展開殺戒，但悶悶不樂的情緒總在心裡迴旋，甚至等到果實季節成為過去，那種惻隱感的沉澱依然蕩漾不去呢！

狩獵專家

　　雖說我擁有獵槍長達十餘載，惟真正動用大概不超過五十次，用以狩獵的次數更少。

　　把槍存放鐵櫥，像魚網收藏不動一樣，似有違背物盡其用的原則。當然不是一定教你持槍打獵，而是時不時到靶場去射擊，檢查槍筒是否生鏽，或防上槍柄被蟲蛀蝕等等。

　　很多擁牌照的有槍人士不懂用槍，不消說拆槍洗抹槍筒了。這不是笑話。也因此，在更新槍照時，嚴謹的警局要我們把發射的空彈殼呈堂，一來印證你的槍不是「懸空」，二來提防你把槍彈非法轉讓。

　　我雖不敢說擁槍對我是一個累贅，但至少我不是個迷槍的人。迷槍的人，就是喜歡打獵的人，日間巡視油棕、可可的時候，十分注意野獸遊離的蹤跡，觀察牠們匿藏的去向；甚至把野豬、刺蝟、大象、羌鹿……的蹄印分析得一清二楚、絲毫不差。

　　至於可以從蹄印裡窺測出野獸的高矮體重、雌雄類別，那簡直稱得上狩獵專家或「槍神」了。

　　我們山寨裡竟然有這樣的人物，是絕無僅有的一位。

　　寨裡的同事Kenny和Dadong，對槍也很迷，要是發現什麼獸蹤鳥跡，晚飯那餐就會跑入廚房裡幫菲傭切切洗洗，席間招兵買馬，飯後即刻武裝追蹤獵物去了。

　　他們兩個不只驍勇，而且善於應變，槍法又準，也有從蹄印中辨別獸類的能力。然而，山寨裡沒有人叫他們做「槍神」——他們登上槍神的境界仍有距離。

　　「大象來了，叫槍神來助陣！」。山寨裡一提起槍神，都知道指的是誰。他不是我們的同事，卻是狩獵的好助手，有他出馬，是慓悍走獸的劫數，即使不被殲滅，也必遭驅出農園，令牠們喪膽退縮，一段長日子不敢出來侵犯。

　　這位劉姓槍神在我們山寨裡經營雜貨，但是，從來都不管店務，一切生意上的大小問題全由他的家人處理——老婆和兩個兒女。平日他吃飽就是把那管獵槍拿出來揩揩抹抹，拆散又裝上，裝上又拆散，單眼向槍管瞄了又瞄，彷彿那子彈的小窗口隱藏著無窮的魅力。

　　是的，拆下來只有三呎長的槍管，平平無奇，但在他眼中，卻有終生解讀不盡的奧秘。一顆子彈從這裡飛出去，一個蹦跳活躍的軀體應聲而倒，一個呼吸大地的生命頹然終結。只用一顆子彈，即使龐然大物的長鼻子，也只須一顆子彈，使山寨中人人尊他為「槍神」。

　　彈無虛發的槍神，命途似乎不太好。在可可市場天價時，他是隔鄰園地的開發總管，園主是香港人。可是五、六年下來，可可園都入不敷出，老板資金不靈乾脆把園廢了，那時我

們公司開始才一年多，百業待興，就順勢讓他進來經營剛建好的雜貨店。

那時候，我們周圍好幾十公里地段還保留著原始荒涼狀態，劉姓總管可算是這鄰近一帶的墾荒火車頭。靠手上那管獵槍，進出那段六十公里供樹桐卡車通行的泥路，面對茫茫荒林的魑魅魍魎，周旋於猛獸的獠牙利爪間，他不得不勤練槍法，是自衛，也是生存。

那條滂沱大雨就有好幾天無法行車的山道，雨季裡有時一、兩個月無法出城採購，他與工友唯一的生存之道就是依賴狩獵，還有屋前屋後的木薯、番薯和香蕉。

他跟蹤蹄印，知道走獸往那個方向匿藏；一看蹄印便分出是什麼野獸，從蹄印的長短闊窄丈量野獸的體重；更高難度是從野獸走過的體味分辨出雌雄。

累積多年經驗，他除了把槍玩得出神入化，便是學會了這些與走獸有關的奇門怪招。他說他沒有師父，一切都是「自摸自通」。其實，是真正從體驗中學習生存。

槍神沒有師父，來到我們公司卻教出兩名弟子，那就是Kenny和Dadong。

槍神的槍從不借人，也從不向人借槍。槍一給別人摸過，就不靈了，他說。也許這是他的座右銘。

喪生在槍神槍下的飛禽走獸，連他自己都算不清楚。

我來到山寨的時候，槍神已經垂垂老矣，而且患上腸癌，病得很痛苦。有人說是生平殺生的造孽。

信乎？不足信乎？

客家天下

　　走進風之鄉，猶如進入了一個客家世界。一到機場，出了機艙，這裡那裡，迎客的送客的，商家和顧客，凡是烏黑頭髮的黃臉孔，出口發話必是「自家人」（自己人）前「自家人」後，一聲聲的「愛麥該」（買什麼），使不諳客家話的人士如丈八金剛，不知所云。

　　半島來的華人同事，在山寨裡習慣講福建話，我來後就把華語帶進來，後來連李總也常用華語交談，只在月常開會時講英語，因為有菲籍同事，還有兩位受英文教育的華人經理。

　　生活在客家天地裡，其中最感不便的首推劉姓的同事，他原籍福建，自小受英文教育，華語從一到十都數不清，客家話又不靈光，他說常常被商家欺負，購物往往比別人貴，因為商家沒有把他歸入「自家人」行列。

　　曾經好幾次，他進入華人商店，卻須以馬來話溝通，令他尷尬不已。後來，他發現山打根居然有幾間商店可以用英語交談，他就專往那幾間店採購，從此減少很多「麻煩」了。可能是這樣，他在風之鄉生活了近二十年，今天依然沒有學會半句客家話。

　　其實，風之鄉不盡是客家人，福建、潮州人不少，山打根潮州公會名下有幾棟商店，資產驕人，只是客家話已成為華裔

走遍風鄉的通用語言，大家一開口就是「自家人」，其他語言都被邊緣化了。

客家話的銳勢彰顯，連尊貴的團結黨黨魁拜靈柯丁岸也能說出一口流利的客家話，據說凡在華團組織聚會上發言，都是一線過的客語。他的太座雖是海南人，但卻不忘客家天下的優勢，也常以客家話溝通。

走進風下之鄉，最值得自我驕傲的事，我完全沒有語言上的障礙。一個祖籍廣西容縣人講出客家腔，被同事調侃是我當年為了追求客家妹苦練促成。因為內人是客家人，祖家在有名的梅縣。

其實他們猜錯了。

我少年時從新村移居江沙王城郊外，左鄰右舍都是客家人，他們每次製作客家「擂茶」我都有份分享，那種別緻的風味迄今難忘，那種溫馨成為我終生咀嚼的記憶。與客家玩伴一起上學一起以「拉士的」打鳥，周末假期還一同騎腳車到五里外的膠林裡幫父母割膠。

這段磨練意志的悲涼歲月，足足達十年之久，直到我高中畢業離開鄉土，落腳北馬，一個福建語稱霸的疆域，頓時自己變得啞口無言，連「吃」「喝」都要比手劃腳。那種忐忑不安的困惑，差點使我捲席還鄉。

過了一年多，才籌足膽量講出生澀聱牙的福建話，假期間從膠林出來城鎮活動。所以，我深切感受過語言隔閡所形成的諸多不便，以及擱在心中的那種困擾。

少年時代的客家玩伴，只是我生命裡匆匆的過客，沒想竟是我重要的客語導師，讓我在客家天下的疆域裡驛馬縱橫，出差辦事，稱心如意。客家話不只在商場上呼風喚雨，在很多政府重要部門一樣無阻應用。

有一回我去更新獵槍執照，警局的華人女書記開腔講客家話，令我一驚；走進警長的辦公室，看見他的會客茶桌上擺著一份中文報，原來警長也是華人，我心隨意轉，大膽先用客家話向他問好，一試即通，接下來我們就一來一往以客家話對談，印象之深至今盈盈在耳。

還有所得稅局、移民廳，每次我進出都聽到客家話滿場紛飛，因為有半數職員都是華人。我逗留根城，夜間經常去《自由日報》找朋友聊天。報社編輯洪流文、陳文龍都是名詩人，洪留台出版的詩集《八月的火焰眼》是獲獎佳作。該報年老的總編輯什麼話都不用，與職員一律講客家話，詩人陳文龍笑說那是他們幾十年來的「官方語言」。

近二十年來隨西馬財團到來投資油棕可可，大量職工東渡，帶進了很多福建和廣東話，華語的市場也逐漸活躍，把客家天下的氣氛沖淡些，但客家話的焰火依然氣勢熊熊，懂得客家話，走進風鄉如擁有一張「一觸即通」卡，通行無阻！

二〇〇九年十一月四日修定

輯四

瞄準飛鴿

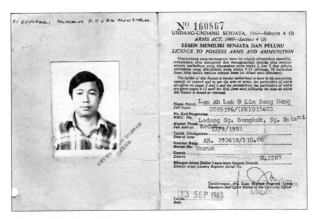

當年冰谷的槍械執照。

每個園坵都可以向內政部申請獵槍，不難獲得批准。但是，園主只是定期到園巡視而已，極少住在園裡，所以通常槍彈轉給園坵經理保管和應用。

園坵擁獲獵槍容易，但所委託的保管人（經理）必須「正」其名，背景清白，如果曾經不謹沾過一滴墨，問題就出現了。

我升任經理後，在申請獵槍的過程裡，差點就過不了關。原因是，我和家人曾經去過泰馬邊陲的勿洞，在那個年代，勿

洞是個馬共敏感區，經常有恐怖份子出現。而招待我們的，是父親的一個遠親，他有個女兒「入了森林」加入共產黨。這件事，事先我並不知情。

園主把我的名字呈上內政部，約一個月後政治部人員召見了我，問起「勿洞事件」，責我知情不報，沒有盡到身為國民的職責，是一種不與政府合作的行為。

獵槍沒到手，煩惱的事先來了。

一生清白，沒想貪玩竟錯踏著「陷阱」，不禁暗叫：今生完了！於是對獵槍不存幻想。

第一次「問話」過後，不久警方又召見我，心想——完了，完了，這次會不會將我扣留查審。幸虧沒有，只再次把我「訓誡」一番。

兩個月後，區警局捎來了一封信，令我驚喜，我的獵槍執照竟然拍板了，也許我的行為還情有可原吧！

❦　　　❦　　　❦

雖然我不愛打獵，第一次擁有槍彈，免不了蠢蠢欲試。但總是在洋樓外嚇嚇松鼠或猿猴，為那些果樹做保安。平常的日子，都極少動用。因為每次用後，都得將槍拆開來清潔、揩油，尤其是槍筒內的彈沙，還須以圓刷通洗，不然就很快會生鏽，腐蝕槍筒。

我想不少擁槍的人也和我一樣，平時極少「開槍」，只將獵槍藏在櫃櫥裡。於是，有一年新來的警區主任下令，凡有槍

的人士都要參加射擊公會，因為公會有練靶場，要會員常常去射擊，似乎要人人都練成神槍手。

射擊公會的會員費高昂，但不入會不獲更新牌照，於是一時射擊公會會員激增，唯打靶場依然寥若晨星、不見人潮。於是警區主任再下一道新條例，更新槍執照得先考射擊──打「飛鴿」，不及格的不批准更新，要重考。

果然那年考槍法，警方派了好多位警員到靶場監考。我平時少練，有點怯場。

那天清早，靶場一片熱烘烘，凡區內擁有槍械的人士都來應試，有些槍手全副武裝，槍柄配上瞄準器，耳戴防音儀，雄姿英發、威武凜然，卻原來是州射擊選手；反觀自己，一套輕裝上陣，顯得草率而寒酸，落差兩極化，假如不是為了那張執照，我早就找個地方溜。

監考警員分發表格，各自填寫妥當，打「飛鴿」開始了。所謂「飛鴿」，其實是瓷製的小碟子，由旋轉機一彈，斜斜飛轉，沖向幾十呎高空，然後像鳥一般急速下墜。槍手趁飛鴿沖天時舉槍發射，手腳要快，因為飛鴿下墜就更難瞄準了。

一個槍手只限三發子彈，換句話說，放了三槍都擊不中飛鴿，就要「收拾行囊」提早離場了。所以，每個擁槍人士都情緒緊張，我更心跳加速！

一切準備就序，射擊開始了。霎那間，砰砰砰的槍聲響徹靶場的藍天，震蕩了平時孤寂無聲的郊野。很多槍手都得逞，擊中目標；甚至有些好手彈無虛發，連中三元，兜得旁觀的槍手大吹口哨。

終於輪到我了。排在我前面的十多名槍手，只有一人三槍都落空，沒有擊碎飛鴿，這使我對自己增加了不少信心。

我雙手舉槍，把槍柄頂住肩膀，頭頸微彎地作準備。

放飛鴿的警員一聲「OK」，一隻飛鴿拔起而起，我對著旋轉的黑影「砰砰」發射。槍聲過後，黑影斜斜地安然飛落田間。第一槍，落空了。

第二次發射，那隻飛鴿一樣沒有受傷。我開始埋怨不聽槍友勸告，沒有拜槍神。信心有點動搖了。

只剩下最後一回發射權了，心跳難免加激。又是一聲「OK」，飛鴿揚起，在黑影沖上天空、將落未落之際，我一扣扳機，黑影裂成碎片，直線掉落地上。

「啪啪啪」，掌聲不絕如縷，還有忽忽口哨伴奏。

直到今天我還覺得，那是一隻倒楣的飛鴿。

後來我去更新槍械執照，遇見那個三響落空的槍友從警局笑臉盈盈走出來，原來也獲更新了執照。

警區主任告訴我，他要擁槍人士勤於練習，是想讓大家遇突發性事件，不致於手忙腳亂，根本無意吊銷任何人的執照。

他對擁槍人士，可謂用心良苦。

催醒大地的笛聲

嗚嗚嗚⋯⋯。

一陣驚天動地的嗚聲，突然自無邊的黑夜裡湊起。

非常準時的，每天清早四點半，隨著近千盞燈光張開眼睛，「嗚嗚嗚」的笛鳴就劃破山寨的長空，像荒古年代咚咚的更鼓般，喚醒沉睡的邊陲角落，還有猶在夢中呼嚕的山民。

這第一波長長的笛鳴，是警惕，也是催促。萬籟無聲、四野寂寂的山寨，由晚間十點鐘燈火熄滅後，就進入了一片全然的黑暗。隨這第一響笛聲，啟動了一日之計的步履，不只勞工，連職員、經理也須揮別夢境，各盡本份，像是一場熱身操，作投入生活前的初階準備。

對於勞動群，盥洗總是一杓水清單，起床第一要事為起爐煮開水和燒飯菜，早餐草草了事後，還得用鋼鋁飯盒準備午餐，才換上工裝攜帶工具，趕去報到。

盥洗、燒飯、煮炒、早餐⋯⋯，全在一句鐘內完成。

嗚嗚嗚⋯⋯⋯⋯。

也是非常準確的，清早五點半，第二波長長的笛鳴響起。這是集合時刻，在辦公所前的空地。隨笛響，整個山寨開始涌

動起來，掩門聲、腳步聲、刀鋤聲、交談聲，紛紜雜沓，從工友排屋的窄巷裡像浪潮一般湧現。

經歷了一小時的「熱身操」，每個人都精神充沛，腳步輕鬆，幾乎是同時的，從幾條泥路會合到燈光通明的辦公所，踩在那片坦蕩的空地上，秩序井然地分組列成隊伍。

幾乎無分先後，十多輛拖拉機從機房裡緩緩地駛出來，分別在四方八面的路口戛然停下，等待指令。工頭、職員、經理也不敢怠慢，紛紛現身，他們與工人面對面站立，像檢閱軍隊，眼睛不停向前搜索，默數著工友的出席率。

園坵業屬於群體生活，工作步調規律化，作息有序，操作井然。所以，投入山寨裡，如同走進一個紀律嚴明的軍營，起床、出門、工作、回家，甚至於晚間休息，都在規劃的時間裡運作。

山寨四面碧野連天，一座長屋似的木板建築，公司辦事所在底層，樓上住職員，經理分別住在獨立式的高腳板樓。這座建築是山寨的行政中心，大小事全在這裡處理。

過去生活在膠林裡，床頭總擺著一個小鬧鐘，每晚臨睡把鐘鏈較滿，深恐好夢難醒。膠林裡的晨鐘是用人力敲擊的。一塊垂掛的工字鐵，時間一到工頭就以錘子猛敲鐵塊，發出「鐺鐺鐺……」的聲響，聲音也很嘹亮，但比電動的笛鳴，卻高低有別了。

所以，來到山寨，我事先準備的鬧鐘，從未上鏈，淪為一種擺設品了。每天清晨那幾波「嗚嗚嗚……」的電動鳴聲，不

只嘹亮,而且尖銳,有如千萬枝利箭般拔地騰起、破空而出,去勢之勁,足以穿窗越戶,敲醒千萬年的夢!

山寨的建築範圍,包括可可烘乾廠,涵蓋逾一公里,如果「鐺鐺鐺」的鐘聲至少要三個敲擊手,才能傳達訊息,這個電動笛輕輕按揳,聲浪即驚天動地,山民草木盡張眼拭目了。

鬧鐘,隨成了奢侈品。

第二波笛聲響起,全體職工趕到集合點,只有十五分鐘讓大家由宿舍走到辦公所,接著第三波笛響又無情地湊起了,職員打開工人名冊,開始呼名點將,分配職務,工人跳上拖拉機,六點正拖拉機扎扎地向工作園地開動了。

所以,第一波笛鳴是催促離床,第二波催促離家,第三波催促離寨。三波笛鳴就像三道「催命符」,響過後,所有職工都邁向生活的職場了。

這時,啟明星猶未隱去,山林大地還一片昏暗呢!

鴛鴦鹿形影相隨

出雙入對的羌鹿性情溫馴。

　　從事農業，總難免經常與野獸拔河，斗智斗力。尤其是在風之鄉，走獸遍佈的原始荒林裡，農作受害更是無日不有。

　　但是，也有受人歡迎的野獸，那就是山鹿。

　　山鹿受人歡迎，有兩個原因：第一當然是在群獸裡，以山鹿的肉質最細嫩可口；另外，山鹿性情溫馴，不傷害農作，也不胡亂攻擊人類。

　　山鹿有兩類，一種體形高大的叫水牛鹿（Rusa），成長的水牛鹿達幾十公斤，像小水牛一般魁梧，頭上一對叉狀鹿角長達兩呎許，堅韌無比，是抗敵的武器。

　　水牛鹿的肉質略粗，公鹿還帶膻腥味，要桂皮、八角搭配才能褪減膻腥。所以，對野味挑剔的食客，多數不選水牛鹿，而要體形嬌小的羌鹿。

　　鹿肉炒薑絲，撒上一把蔥花，是餐廳最常見的佳餚，價錢也很大眾化，細緻、爽滑、鮮美，一嚐便知這是山鹿獨有的特色，野豬、刺蝟、松鼠、果子狸等野味難與匹比。

　　羌鹿體高與家羊無異，外表棕褐色，後腿內側呈顯斑駁圓點，短尾巴上棕下白，在林間蹦跳時，尾巴一飄一揚，斑駁的白點甚為顯目，那可譽為羌鹿的辨認商標；羌鹿與家羊最大的差異是，羌鹿頭上不見角。

　　生為山鹿，頭上不長角，缺乏起碼的抵敵能力，偏周遭環境又那麼多強敵，羌鹿的最大生存力量只有依賴四肢腿腳，若聞風吹草動，拔腿就跑。

　　不過，別以為牠是愚蠢魯莽的動物，不辨方向亂闖。牠們非常警惕，稍有變異，必先側耳傾聽敵人方向，再往安全地方匿藏，一蹬一跳、一起一落，彷彿一陣風，迅速消逝在茫茫的荒叢裡；那種快如閃電、身輕如燕的姿態，甚至有時連蹄痕也沒留下。所以羌鹿的行蹤不易被我們發現。

　　而我另給這種山鹿一個更雅的稱號，不叫羌鹿，也不叫山羊，我把牠們稱做「鴛鴦鹿」，有別於滿身班點的梅花鹿。羌鹿獲得雅稱，是有段故事的。

有次Kenny和我巡視邊界，這是例常工作，因為那地帶尚未發展，偷伐林木猖狂，每月至少輪迴巡視一、兩次。那片是蠻荒疆土，又沒有通路，我們總是荷槍實彈、步步為營，去藤撥蔓緩緩前進。

忽然間，荒林裡出現一片空曠的地方，逐想起那是過去被「森林大盜」偷伐林木的缺口，此時已東一處西一處冒出青青草與低矮的灌木叢了。

一望對面，我們的眼睛不禁一亮，兩只棕褐色的羌鹿神情淡定地在那兒囓草，似乎未覺擦到在綠叢另一邊的我們。

大白天能遇見羌鹿，真機不可失。

「讓我來！」Kenny拉拉我的衣角，隨即把獵槍從肩膀滑下來。我會意，已幾星期沒有動槍了，他當然技癢。雖然他比我年輕，但論槍法與狩獵經驗，可要高出我幾個馬鼻。

說話時，他已從腰間摸出子彈，順手一壓槍筒，上膛，幾乎不必瞄準，只聽「呼」地一響，其中一隻鹿掙扎兩下就倒下，跟著一動不動了。

另一隻一蹬腳，閃入了荒蕪的叢林，消逝了蹤影。我忙邁開大步，正想向前收拾獵物，又被Kenny一把拉緊。

「別忙！別忙！」Kenny望著那管硝煙嬝嬝的槍筒說：「等另外那隻。」

「另一隻，早驚惶失措逃進棘蓁林中去了，還膽敢出來嗎？」我心裡涌現著幾百個問號。

Kenny見我滿臉疑惑，逐告訴我有關羌鹿的習性。原來羌鹿在森林裡都是雌雄出現，有影皆雙，受敵人攻擊逃亡失散，也

會重回原地找尋對方，徘徊盡日，有時隔日還會出現，悲憫地尋尋覓覓呢！

於是，我們躲在大樹後面，遠遠地望著那具倒下的獵物，但我心中還是半信半疑。莫約過了近一小時，果然有個影子躍然從草叢裡探出頭來，慌恐地東張西望一番後，緩步走向同伴身旁，彎頸低頭，是為伴侶尋找一線生機嗎？我想。

我不禁為眼前孤獨的山鹿產生憐憫，正想阻止Kenny再度開槍，忽然一聲槍響，只見牠應聲倒在同伴身邊，變作同命鴛鴦了。

我們僱了四個工友，才把兩隻羌鹿擔回山寨。途中我對Kenny說，羌鹿那麼癡情重義，卻俗氣地叫牠們山羊，實在太不合身份了，應該改名鴛鴦鹿，表揚牠們生死與共的精神。

想不到，鴛鴦鹿這名字，竟在山寨裡流行起來。

荒山野店

　　風之鄉地廣人稀，而森林遼闊，幾個大城鎮如亞庇、山打根、斗湖、拿篤、仙本拿、古達都瀕海，內陸市鎮如晨星寥落、屈指可數，且欠缺繁華風範。

　　以根城向北至拿篤這段公路為例，漫漫長達兩百多公里，中途沒有出現任何小鎮，只有三幾處寂寂無聞的聚落，在林野路邊訴說悲涼。所以，旅客上路之前，汽車油桶必優先添滿燃料，不然半路隨時都有油罄拋錨的可能。

　　在半島不可能有這種現象，尤其在人口稠密的西海岸，幾乎是十里一城、五里一鎮，沿路隨處有油站提供服務，有茶樓餐廳敞開大門。

　　是故，在風之鄉，不管我們往哪個方向行車，車油是最先的考量，吃則可以沿途任由選擇。因為，在極度荒涼的山林鄉野中，遠遠地總會出現三兩間野店，讓匆匆趕路的旅人歇息打尖。一番舟車勞頓，精神疲憊之際，戛然地把車停在路邊，來一杯熱騰騰的咖啡，再炒一盆鹿肉薑蔥麵，充電提神後才繼續上路。

　　風鄉是正待開發的州屬，路上雖然油棕可可綠掌掩映、迎風搖曳，但更多是鬱鬱蒼林、古樹參天。汽車從山打根出發，

過了十餘里就是郊區了，道路變得崎嶇蜿蜒、峻嶺斜坡，那些
經鏟泥機推割過的山道，一邊峭壁懸崖，另一邊則是蒼茫深邃
的低谷。但是，你無須擔心，繼續行程，或許轉過山坳，也可
能穿越斜嶺，忽然間見到路邊的香蕉叢裡有幾戶人家，炊煙裊
裊裡隱隱綽綽傳出了幾聲狗吠雞鳴。

途中的驛站，到了。

——下去歇歇腳吧！走了許多彎路，你有這樣的感覺，也
有這樣的需要。休息，為了走更長遠的路。

也許那只是一間沙莪葉[注] 蓋頂、原始木柱、板牆搭成的簡
單建築，但鄉野風趣盎然，與周遭孤寂、荒僻、偏遠的邊陲環
境，混然一體。

腳步猶未踏入野店，主人搶先笑臉接迎，殷勤親切，每一
份飲吃，必親自送到顧客桌上，沒有「顧客自理」、「未嘗先
款」的市儈作風。你可以悠閒地享受美食，坐看起自林間的山
嵐雲靄，聆聽鳥語蟬吟，甚至於嘯嘯猿啼，攸攸鹿鳴，而落木
蕭蕭下……。

在邊陲鄉野，店主早有心理準備，沒有客如雲來的喧嘩意
念，只為長途跋涉的旅人於趕路中途打尖稍息，停車借野店歇
一歇腳步，讓一個清風徐來的清靜環境，紓解一路的風塵，抖
落滿身的緊張情緒。

從疏稀冷落的過客身上，他們所換取的微薄回酬，尚不足
以應付生活所需，所以他們把屋邊的土地耕耘，那些高舉巨葉

[注] 一種長在沼澤的棕櫚科，葉片經過編織可用來蓋房子。

的香蕉，呈星狀葉片的木薯，匍匐地面的番薯，還有長年一片油綠的果樹，成為他們生活上的另一種收穫，和補貼。

過客放心上路，這些荒山野店的主人，都是山地裡的農稼，胸懷仍然保持著村野鄉民的純樸善良，不會把路客當肥羊，即使你是偶然的路客、永不回頭光顧了！

旅居風之鄉時期，我是根篤道上每月的路客，由山寨前往山打根，偶然也往拿篤，經常會在途中的野店歇腳，三幾次之後，就變成熟客了，有一回與一間野店主人聊起來。

店主為華裔，廚藝不錯，是夫婦檔，我慣例叫一盆鹿肉薑蔥麵，一杯熱美祿。看來他們的生意不錯，隔鄰兩桌都坐著好幾個顧客，路邊停著多部爬山車。離這裡不遠有小型的伐木場，旁邊有間機器維修廠，不時有車輛自山寨裡出入，而工人就在這間野店落腳打尖，使野店在沉寂裡散發一些活力。

「為何不到城鎮去發展？」我問。他說十多年前低價買下這片地，廢棄了可惜，城市租金貴，生意淡就划不來，不如安安穩穩地守土。

可以說他沒有冒險的衝勁，但他追求的只是一種平靜與悠閒。繁華的美夢、奢侈的生活，不是每個人的心靈方向，我想。

為鳥攀天梯

鳥癡為了雛鳥，攀上天梯。

　　人的思維意識，有時候真是不可理喻，有人竟然為了一隻羽翼未豐的雛鳥，置本身於危險而不顧，去攀越一棵高逾百呎的巨樹！

　　那些長在可可林裡的巨樹，亭亭如蓋，開荒種植前翻林倒樹，它能逃過電鋸尖銳的鋼牙，昂然聳立，由於樹巔頂著一片綠蔭，能長期間為可可樹撥下絲絲涼意。

　　所以，可可林每隔一段距離，就留下一棵大樹，像巨人一般傲視八方、超群出眾，守護著低矮而帶有少女嬌柔的可可樹。

　　這些高大繁茂的巨樹，不只成為倦鳥夜宿的棲所，更是牠們春季嘤嘤嚦嚦之後，含草結巢的溫暖窩。智慧告訴牠們，於強敵如林、十面埋伏的環境裡求生，離地面愈高的空際愈是安全，也是唯一的選擇。

　　因為，只有一雙撲撲開展的翅膀，可以在空間輕易地飛翔，在高高的樹叢間來去自如，在濃密的樹蔭裡悠然追逐嬉戲、啾啾啼唱。

　　於是戀歌唱完之後，開始尋找落葉與枯枝，排列在巨樹隱秘的枝丫間，為下一代打造一個家。一日數趟穿梭往返，幾天的營營碌碌，一個足以承受風雨的新巢完工了。

　　這麼高、這麼隱秘的小小一個鳥巢，匿藏在深綠茂密的樹巔上，以望遠鏡照似乎也不易發覺，該萬無一失了。但是，卻沒有想到，有人為鳥瘋狂，養鳥的發燒友為抓一隻鳥，費盡心思，為了滿足慾望，竟不惜粉身碎骨。

　　這些養鳥一族，平日在園裡作息時十分留意飛鳥的一舉一動，尤其在春季後的產卵季節，一見飛鳥銜著蘆葦乾草或枯葉佇立樹上，竄入葉叢，就知道牠們不久將產卵孵窩了。牠們從樹叢飛進飛出，一天含草銜葉巡迴好幾次，秘密很快被眼明耳快的養鳥一族瞭然於心了。

　　孩提時代，我也曾經養過鳥。半島最普遍養班鳩，少數人也養山雀或八哥，這些鳥比較常捕到。風之鄉養鳥的興趣不同半島，這裡流行養能言的九官（burong tiong）和鸚鵡，其他鳥

也許過於普通，缺乏誘惑力。同時半島人捕鳥，借用「鳥媒」引誘，或以強膠黏捕，沒有人要攀樹，尤其是巨樹。

養鳥也如一陣風，自從第一隻能言鳥被養大，並在養主細心調教下學會人語，成為山寨眾人欣羨的對象之後，九官身價瞬息暴漲，成為人人夢寐以求的對象。晚餐後逗鳥，餵牠幾條辛辣的指天椒，教牠幾句新的簡單語言，彷彿是生活上莫大的調劑和樂趣！

所以，有段時期，山寨工友的長屋，檐前掛上許多鳥籠，籠裡跳躍的都是羽黑冠黃的能言鳥。連我們的副經理Kenny也禁不住誘惑，不知從那個工友手中弄到一隻雛鳥，寶貝得把時常留連在我們廚房裡的幾隻貓兒趕到不知所蹤，搞到野鼠一到入夜便四處造案。

窩巢造在高高的巨樹上，而山寨裡養鳥人家卻愈來愈眾，捕鳥的手法不禁令人嘖嘖稱奇。尤其是，那些樹幹幾人方能合包的超齡老樹，攀登須要膽色與真功夫。

探出鳥巢出現樹叢，還要留意鳥蛋的孵化。高高在上，雛鳥發出嗷嗷待哺的飢餓是聽不見的，眼光銳利的捉鳥專家，會注意回巢的母鳥，如果嘴上每次含著蚱蜢或小蟲，肯定雛鳥出世了，而且還在成長。

要想擒小鳥，必須開始行動了。首先找來近百支三呎多長的硬木條，緣樹幹每隔小段距離一路釘上去，直達樹頂可以伸手抓到鳥兒為止。說是容易，那一級一級的「天梯」要釘得穩健可不簡單，雙足踩著底下的薄木條，一手抓鐵釘，另一手抓鐵錘，上身懸空，一錘一錘地釘，一支木條四根鐵釘，愈釘愈

高，愈高愈危險，萬一失去平衡，一個踉蹌，翻身墜下，就要
永遠閉目養神了。

為了擒獲一隻小鳥，聽牠講幾句半通的「人話」，情願付
出如此的大代價，真是為鳥瘋狂的癡人！

大農莊氣派非凡

一個擁面積二十五萬英畝的園坵，堪稱為我國最大的農莊，如此廣袤的種植土地屬於一家公司，據說世界上也很少見，算不算世界名列前矛，就有待考究了。

這個嚇人的面積字數，恰好是我服務公司的十倍。風之鄉地大林廣，許多農莊面積動輒十萬八萬，不足為奇，而這個大財團開闢的油棕可可大農莊，從飛機上一望無際，車行數小時還走不完，令人又羨慕又驚嘆！

找機會參觀大農莊，一覽豪氣干雲的廣闊天地，作為農業開發上的借境，是我們久居邊陲山寨的夢想。李總是位有遠見的總管，有一天親自統領各區經理，在這個舉國獨一無二的大農莊瀏覽，讓我們眼界大開。

我們四人一部車，從山寨出發，經過瀕海的重鎮那轄拿篤（Lahad Datu），續繼走約廿公里，瀝青柏油路終結了，再往前是凹凸不平的碎石路，與我們經常出入的泥濘山道差不多，不過舖過碎石，不會有推車之虞。

從地理形勢觀察，沙巴州東北部突出海面的部份，形狀有如未成形的半島，大農莊涵蓋了整個半島，幅員比西馬的馬六甲、玻璃市州還大。

　　我們離開拿篤鎮，走了兩小時半，車子才入農莊範圍。這時，眼睛不禁一亮，交通形勢突然變得順暢了，車輪接觸的不再是蹭跳突兀的碎石，而是筆直坦蕩的柏油馬路，彷彿進入了城市範圍，有種一路順風的稱心快意感。路旁是無盡的綠，齊整列隊的油棕氣勢軒昂，羽掌隨風搖曳，似在迎迓遠道而來的故人！

　　再走半句鐘，建築物陸續出現了，職工宿舍、修理廠、辦公所，居然還有一排商店、一間百貨迷你市場，農莊顯然具備了市鎮的規模風範，應有盡有；那所紅瓦白牆的辦公廳尤其使人注目，室內地板全部舖砌琉璃磁磚，無論灰牆板壁、迴廊橡柱、簷前台階、門楣窗櫺，無不臻盡豪華，連山打根政府機關也自嘆遜色。

　　我們參觀後，甜在眼裡，悲在心中。大農莊氣勢如虹，確與眾不同，其規劃有序及壯闊氣派，其他大園坵恐怕永遠難以追上！

　　農莊公關經理與李總有交情，他囑我們先去度假村辦理入住手續把行李卸下，然後帶領我們參觀油棕園，這也是我們從老遠來到農莊的主題。

　　這個由原始森林開闢而成的農莊，原定計劃要種植油棕和可可，但由於可可多年來市場走向處於低潮，不只早已停止種植，而且進行砍伐以縮小面積，將來的趨勢是留下山坡高地給可可喘息。這情況和我們公司大同小異，連年的虧損，可可的身價暴跌，油棕則統領風騷，市場平穩，同時病害又少，所以油棕取代可可崛起成為種植界的新寵。

　　兩輛車離開度假村後，又是一路林蔭夾道的油棕，樹高十多呎，大農莊開闢看來至少十年有餘了，據公關經理說，油棕的種植面積已達兩萬五千英畝，已經有兩所油廠操作了，到全部發展以後，至少要建十五間練油廠，可真是驚人的數據！

　　公關帶我們到一個收果區，一組工友正在割棕果。這裡也許地質結構較佳，果實運輸都用拖拉機，沒有靠水牛，可以直接把棕果輸送到練油廠，縮短了轉換運輸的時間。

　　這裡土地肥沃，因為是雨林處女地，所有油棕成長看去都一片油綠，樹壯果大，每棵樹都結實纍纍，發出誘人的色彩！

　　投資開拓種植業，出手闊綽，大農莊的基本建設，果真氣派非凡！生活在農莊裡的職工，也同樣令人羨慕。

夢裡有海浪聲

　　度假村瀕海，對面一箭之遙就是大農莊的辦公所，與商店、職員宿舍也遙遙相望；後面是潔白的長沙灘，銜接著秋水共長、天雲一色的滔滔大海。

　　大農莊屬下的度假村，除了提供公司從外地前來巡視的職員住宿外，也開放給外賓住宿，從各地城鎮到來消磨周末假期的遊客相當踴躍，李總也換了幾次日期，才找到空檔，解決了住房問題。

　　度假村受遊客歡迎，主要是這裡遠離城鎮，海岸不受污染，地點悠雅恬靜，是紓解緊張、忘卻煩憂的好去處。

　　除了環境清幽，度假村的設備也齊全，包括西式餐廳、會客廳、會議廳、游泳池，住宿每日雙人房才一百令吉，房間冷氣設備，還有電視機。周圍環境的美化工程也做得很好，繁花異草、林木棕櫚，紅黃妃紫，不只搭配眩人五目，保養工夫也盡心盡力，使人看去心曠神怡。

　　嘩啦嘩啦……，我們在海浪聲裡享受晚餐。

　　黃昏驟至、暑氣漸散，我們離開餐廳，越過走廊，房後即是細柔的銀色沙灘，前方為日夜湧動、潮起潮落的藍海，碧波

萬頃，嘩啦啦的氣勢，像一陣陣呼喚，給這寧靜的邊陲暮靄平添一層熱鬧的聲色。

沙岸有一排疏稀的椰樹，修長的葉片在薄暮的海風中蕭蕭瑟瑟。沙灘上除了我們，還有幾個小孩追逐嬉戲，該是農莊裡的村童吧！繁花似錦，樹影婆娑，還有藍海濤聲，這些，正好是編織美麗的童年的畫面。

我們四人默然不語，沿著沙灘徜徉，平日一切的煩瑣雜念此時都從胸中剔除了。走著走著，竟離建築愈來愈遠了，發現沙灘上零落地留下許多斑駁的螺貝，晶瑩而亮麗，紅黃紫澄，像鮮花一樣多彩，我們不禁童心未泯地一邊走一邊拾，直到兩手都盛滿了還心猶未足，結果不顧沙粒把剩餘的一起放入口袋裡。

不經意間暮色悄然降臨了，大海也由深藍變成墨色，不變的是它雄渾軒昂的氣勢。經年累月困在荒林裡，所見盡是樹木或藤蔓，踱步海邊，展開視野，我們才感受到海上的天空原來如此壯闊、如此澄明。

螺貝滿懷，但大家還依迴腳下輕柔的細沙，不想提早回去住所，於是繼續腳步，驀地前面不遠有幾盞燈光幌蕩，是晚歸的漁舟即或有人正要出海？加速步履走近一看，燈光原來是從營帳裡傳出，有數名步兵在駐守。

見到我們，並不驚愕，我們的衣裝就告訴了對方我們是訪客。守兵與我們閒聊，才知道這裡近來不靖，有海盜越境打家劫舍，農莊為保安全，騁請了兵隊駐守。看去海闊天空，一片渺茫，但有個駐兵說，從菲律賓最南端出發，汽艇只要一小時

便登岸這裡了。我們聽了覺得膽跳心寒！如此空曠的海岸，假如這時候突然飛來幾艘汽艇，該向哪裡逃？

想到安全問題，遊興便索然如煙消雲散了，隨沿著沙灘回頭走，什麼良辰美景、海浪濤聲，都拋置腦後了。人世間，生命比什麼都更值得珍惜。

那晚，我們在海濤聲裡入夢。

第二天，農莊的公關經理帶我們參觀棕油輸送管。油管直徑大約有六吋寬，沿著洋灰土海堤延伸到海面，長達兩公里，海堤寬闊足夠車輛行駛，盡頭建築類似寬廣的碼頭，車輛可以作U轉。

大型的油船排水量深，現有的碼頭水位淺，公司計劃將原有的海堤再延長三公里，以便把油管加長。為了一條油管而建築寬如馬路的五公里海堤，工程的耗費，恐怕只有大農莊才花得起！此外，與眾不同的是，農莊還建有飛機跑道，可供小型飛機和直升機升降，是為公司重級量董事來去的一項投資。

當天中午，我們離開大農莊，心裡還惦記著他們獨特的設備，還有海濤、螺貝……。

小香港的歷史悲情

見證了山打根歷史的三腳石。

在京那巴打岸大平原徘徊了五年，每月都出入山打根一、兩回，最後因工作竟在根城的懷抱裡泡浸了六個月，對這個歷來有「小香港」之稱的城市，印象不可謂不深刻。

早在五、六〇年代，山打根的名字就烙印在我的心裡了。那時候香港有本暢銷東南亞的兒童月刊《世界兒童》，兒童園地經常出現山打根、斗湖、亞庇等地的小作者。

可是，東西馬山長水遠，三十年之後我才有機緣落足小香港，看她背山面海的旖旎風華，聽她在歷史長河裡傾吐悲情。

而到了九〇年代，小香港已像一個歷盡滄桑的婦女，洗盡顏華，惜日熠熠的光輝不在，燈光燦爛的碼頭也已暗淡下來。

猶記第一次在機場降落，正是薄暮時氛，朋友載我離開機場進入市區的時候，我只感到一片黝黑，長長的馬路彷彿沒有街燈，道旁暗淡的樹葉風中瑟瑟作響，給人多添一種蕭索感！

比燈火迷濛更令人悒喪的事還在後頭。當晚，我們在八哩一家小食店晚餐，菜餚剛上桌，驀地停電了，我們進入了一個漆黑的世界，不要說挾菜，伸手都不見五指。那夜，我們就在小食店後備的發電機聲中進餐。沒有顧客發出怨言，原來根城停電平凡得像我們吃飯一樣，每天都三幾回，久了，大家習以為常，見怪不怪了。

這即是小香港湧進我腦海的第一個印象。

森林木業歷來是沙巴最大的天然資源、出口的經濟命脈，山打根便是憑豐富的木材開埠，崛起成為婆羅洲北方最早跨向繁榮的都市，因傲視八方而被推為首府。根城早期不僅是個商業旺市，也是個繁忙的商港。她的碼頭在大港灣內，形成天然的避風屏障，使進出的商船免遭風災浪險。

基於地理形勢的重要，二戰期間使山打根成為日本搶攻的首要關口，全城被炸得遍體鱗傷，無數市民慘遭殺戮。二戰結束後，根城靠著豐富的天然資源，在短期內恢復了舊觀，再顯光華，領導沙巴州前進。

　　朋友告訴我，六、七十年代時期，根城的夜總會多達九間，燈紅酒綠、夜夜笙歌的繁盛景況，由此足見。木材源源輸出，市場一片好景，造就了無數出手闊綽的山門業暴發戶，在酒色財氣裡一擲千金。

　　想不到那竟是小香港的致命傷。由於林木的開採，缺乏管制系統，天然資源很快枯竭；同時隨著首府地位旁落，政治、經濟、文化、教育機構之轉移，根城的繁華從此走進了歷史，各行業開始顯露出蕭條與疲憊狀態。

　　當我來到風之鄉，已是九〇年代伊始，根城已成為非法移民的天堂夢土，菲、印各據盤地，入侵幾乎所有下層行業，在城市的海岸搭起了木屋，節比鱗次，密集得如曠野灌木，閃閃路的菲民和三腳石的印民，正當求溫飽的和從事非法活動的，各得其所，而且衍生了下一代，樂不思蜀了。

　　那時，踏遍小香港大街小巷、旺角繁墟，再也找不到一間夜總會了，只有兩間殘陋的卡拉OK，仍然藉半明不昧的燈光在夜裡喘息，支撐著夕陽殘照的燈紅酒綠生活。

　　過去被車龍人潮迫得擁腫不堪的三街五巷，日夜忙碌吞吐百貨的深水碼頭，昔日輝煌的影子已不復存在了。但是，非法移民湧入的偷渡熱潮始終未退，無日不有。

　　我想不透，日漸蕭索的一個城市，緣何竟是外來移民心目中的夢土。

紋彩斑璨的貝殼

斑爛多彩的貝殼。

　　我們幾個「山寨王」屬於擁車階級，但平日只在職場上驛馬縱橫，在深山野嶺間馳騁，像一匹頸繫繮繩的野馬，掙不脫那片綠原。

　　然而，一遇到假期，尤其是連續兩三天的長假，我們總是往城市蹓，以紓緩生活上緊繃的情緒。

　　有一年豐收節（卡達山族最大的節日），我們四人一部車去斗湖找一位新朋友。一進大門，我們就被他那兩大櫥的貝殼深深吸引著。

　　約莫五呎寬三呎闊的高櫥，三面玻璃，斑璨的貝殼，有大有小、類別各異、琳瑯滿目，各顯姿彩，看得我們呆若木雞、連聲驚嘆！

　　朋友見我們也對貝殼癡迷，手按電扭，櫥頂的光管發出淡紅的柔光，從上而下，高櫥裡的貝殼在多彩的燈光點綴下，光芒四射、華彩奪目。那種震顫人心的璨爛，有如光華熠熠的金龍魚在燈彩下搖曳生姿，奪人眼目。

　　朋友搜集貝殼，已經超過六年了，普通的種類都已齊全在握，例如蚌類、蜆類、錐形類、盔形類、螺田類……，但是，大海裡的貝類何只千萬，根本無法搜集完整，只有見到心愛的就買；有時也要看價錢，貝殼像古董和郵票，沒有實價行情，愛者價值連城，不愛者視如棄履。

　　談論間，他還到書房取出兩巨冊有關貝殼的書籍，一面翻閱一面與高櫥裡對照。貝殼書籍不只封面精美，全冊以彩色印刷，一清二楚的分門別類使人一目瞭然，令我們大開眼界。原來海底世界如此豐富多彩，單是貝類一族就五彩繽紛得使人眼花撩亂了。

　　我們四人像初入校門的小學生，走進貝殼的海洋世界。海洋世界也像陸地世界，不同區域的陸地生長著不同的動物和植物；貝類也一樣，同類的貝殼因區域有別，也在體形、色澤、斑紋方面有所異別。

　　搜集貝殼，可能只是心血來潮的即興；但研究貝類，卻是終身的追求，是一種非常專才。以前，每次進出城鎮，見到擺攤的貝殼，總是匆匆擦身而過，連看都不多看一眼，自那次經

朋友指點，似乎開竅了，我們四個山寨王都不約而同對貝殼產生了情愫、另眼相看了；何只另眼相看，而是開始像心肝寶貝一般蒐集了。

那時候，我們公司的辦公所設在山打根。根城靠海的廉價市場有幾檔專賣貝殼的攤子，都是外勞經營的，叫價不高，很受歡迎，所以轉手快，不時都見到新貨。據說，這些貝殼都來自鄰國菲律賓。我們幾個山寨裡的窮小子，初入貝場，選撿的不過是些普通的廉價貨，因為一來我們對貝類的認識粗淺，怕不懂受欺騙。另外，貝殼也像其他珍珠寶藏一般，物以稀為貴。很多紋彩剔透、光澤晶瑩的貝殼，十分養眼奪目，但只賣幾令吉一個，因為貨品充塞市場。我們就專撿這些廉價貨。

搶奪貝殼市場的，其實多數是外國遊客。他們出手闊綽，看到鍾愛的，尤其不肯放手，看到他們挑挑選選，就是一大袋。他們之中有不少可能是貝殼專家，或者收藏家，與我們即興式的採購，不可同日而語。

我的貝殼，大多數從根城的攤子搜集的，談不上是稀有珍品。我花三十令吉買下的喇叭貝，有一回在神山公園見到相同的，竟然標價二百五十令吉，嚇得我心驚膽顫！

風之鄉每個瀕海的城市，都有不少攤子經營貝殼生意。後來我發現，貝類花樣最多的卻是仙本拿，沿海幾排除了海味攤子，還有五、六檔專賣貝殼的，貨品之多，根城的無法相比。我發現了一對深海的貝殼珍品——純金色的Golden Cowie，只有蝸牛殼那樣大，異常鮮艷，攤主說特價三百令吉轉讓，我在攤前沉思默想了好半天，捨不得出手。

　　後來遇到那位收藏貝殼的朋友，他買一對相同貨色卻付了
六百令吉，我才知道走寶，不禁頂胸錘肺。今天每想起買貝殼
這回事，仍對那兩顆金色的寶貝耿耿於懷呢！

海鮮天堂仙本拿

伸出洋岸的長廊成為仙本拿的特色。

　　沙巴以外的人士，很少人知道仙本拿（Simpona）這名字，但是，若提起西巴丹（Sipadan）島，卻無人不曉。

　　因為西巴丹島是世界著名的旅遊勝地，環境幽靜而不受污池，令喜愛垂釣和潛水的遊客留連忘返。該島地近印尼和菲律賓，幾年前菲南恐怖分子挾持了廿五名遊客，使該島的曝光率倍增，卻也一度令遊客驚慌卻步。

　　仙本拿是去西巴丹島必經之地，由此坐快艇乘風破浪一小時許，便是海水清澈的潛水天堂了。從仙本拿遠眺，那小島宛如漂浮在汪洋中的一片落葉，也迷濛也渺茫。

　　仙本拿瀕海，但她的旖旎獨特，出於長長而曲折的沿海走廊，一邊伸向海中的度假屋，另一邊通向海鮮餐廳。兩道長廊，是住與吃的分野；前者露天，後者遮頂，而且經過裝飾，有綠草和鮮花，食客走過時，享有一份舒服感。

　　我無緣遍嚐風之鄉的海鮮，卻聽說仙本拿的海鮮是最便宜的。長廊盡頭，便是海鮮餐廳，那些鮮活的蘇眉、石斑、瓜子立、海底雞、紅鱔，還有橫行的螃蟹，全養在海裡的網中，顧客相中那一條、那一隻，廚司用兜網一撈，在秤上稱一稱，刮鱗去臟，馬上就下鑊了。

　　幾次與朋友去仙本拿，都在同一間餐廳午餐，一次是斗湖的同窗請客。他說他經常從斗湖跋涉來仙本拿飽口福，價錢絕對便宜，也絕對新鮮。

　　從餐廳向外望，是茫茫大海，一幢幢縱橫交錯的度假屋座落海上，長廊就像陸地村野上的彎彎小徑，曲折地穿過所有的度假屋，是橋也是路。度假屋全以「亞答」建築，深具熱帶情趣，每間都成獨立形式，看去各顯特色，內部設備也分豪華式和經濟式，憑各人的能力隨君選擇。

　　吃與住，在仙本拿都非常方便實惠，街道瀕海而建，風景幽美，是個理想的度假小鎮。但據朋友說，度假屋的生意慘澹，原因是鎮上的人口，移民多過本地居民，而且泰半還是非法移民，菲南和印尼人都有。他們非法登岸，有的經營小生意

過活，但大部份靠偷雞摸狗、打家劫舍渡日，把原本幽雅靜寂的仙本那變成罪惡的淵藪，令遊客聞風卻步！

度假屋的生意，因此長期無法擺脫非法移民的陰影。

我們進入市鎮，還沒停下車來，一群移民馬上蜂擁而至，擠著向我們兜售手中的紀念品。我們一再示意不要，他們態度惡劣，竟然將紀念品拋進我們的車裡，再伸手向我們要錢。當我們走在街上，這些手拿物品的傢伙走了一群又來一群，令人不勝困擾，更令人擔心安全。

這樣的兜售手法，肯定使遊客反感，同時也是旅遊業的拌腳石！

仙本拿只有一條街，兩排商店，各種行業齊全，但若想買便宜海味卻要走到街尾，那裡有幾排搭出海面的攤子，看去低矮又簡陋，卻琳瑯滿目、百貨雜陳，尤其是海味不只價廉，而且應有盡有，海參、鰇魚、蝦米、江魚不必說，鱔魚、墨魚、乾蠔、蘇東、鹽魚、瑤柱……，任你挑選。這裡的價碼，包你別處找不到。

除了醉心海味，我也在仙本拿買過不少貝殼。許多種類，亞庇和山打根都搜集不到。例如稀有的Golden Cowie，我只在仙本那見過，雖買不成，今天猶留下深刻的痕記。

兩次經過仙本那，見到那別緻玲瓏，非常含熱帶感的度假屋，我都萌生夜宿的情感，但卻又因頻頻而發生的罪惡事件而惆悵離開。

幾曾相識海底雞

冰谷攝於山打根魚市場。

在大馬，菜市除了賣菜也賣魚，只是為了方便顧客進出與
選擇，把菜市和魚市間隔成兩個部份。

「小香港」山打根則不同，魚市、菜市雖然都在靠海岸的
火船頭街，卻分成兩座獨立的建築物。當你買了菜想要買魚，
或者買好魚想去買菜，至少得走半公里路才到達目的地。

我們幾個山寨王，每月總輪流出根城一次，把工作的進展
報告送到根城八哩半的辦事處。回程的時候。順道為同事購買
魚蝦，偶然也兼買蔬菜。

　　所以，自己雖算不得是魚市場的常客，卻也不會對根城的魚市和菜市感到陌生。而且山寨職員眾多，魚蝦蔬菜每次購買，數量可觀；即使不是精挑細選，也得在兩個市場盤桓整個清早、或下午，才能辦理妥當。是故，我對根城的魚市菜市，可謂印象極為深刻；甚至與幾攤魚販攀上了交情。

　　第一次走進魚市，由識途老馬楊同事引路。洋灰土砌成的攤位，作「井」字形排列，秩序整齊；攤位中間的人行道寬敞，所以魚市裡顧客雖然眾多，卻人潮流動順暢，不致於有摩肩接踵的現象。

　　走入根城的魚市場，我才真正瞭解魚蝦怎樣才算新鮮：鱗片晶瑩、眼珠剔透，以手指稍稍按壓，感覺富有彈性；蝦鮮則外殼皓潔、鬚尾俱全、眼突。這樣光鮮瑩潔的魚蝦，我是初見。

　　我不是沒有進過魚市，甚至也曾經陪妻子逛魚市，但在半島的魚攤所見，凡魚必眼珠灰濁、鱗片無光；蝦則斷頭掉尾、螯腿殘缺；甚至蒼蠅繞著魚蝦嘰嘰飛舞，令人望而卻步。想走過另一攤挑選，情況似乎一樣，很難買到滿意的新鮮魚蝦。然而魚販總是說：「今早才到的！今早才到的！」

　　我常常見到家庭主婦，在魚攤前猶豫不決，把魚捏了又捏，翻來覆去，最後從魚堆中挑出三幾尾，緊皺眉頭帶回家。

　　在根城魚市場，魚蝦的新鮮質量，可讓顧客安心購買；看中一種魚用手一指，魚販把魚放在秤稱上，不必顧客弄腥雙手，乾脆俐落。是故，在根城魚市買魚蝦，邊走邊看，近似是生活上的享受。

　　更令人驚奇的，如果來得早，一些魚蝦擺上攤位時，猶「噗啦噗啦」不停蹦跳，彷彿眷戀生命的光彩和喜悅，想掙扎回到滔滔的大海。

　　山打根是個著名的海港，也許漁夫捕魚，出海不遠，所有收穫很快送到市場，無需冰凍保鮮，讓我們有機會見到活鮮蹦跳的海產。

　　後來進出魚市的次數多了，我有更大的發現，要購買鮮活的魚蝦，每天下午兩點鐘逛魚市最適當。原來根城漁舟每天都分兩次靠岸，一次是清晨，另一次是下午。這與半島漁夫出海有別；半島漁夫深海捕魚，每回少則三幾天，多則一周天才歸航，捕獲的魚分類後全數冰凍儲存，送到魚市場早與冰塊融成一體了。

　　自從知道根城漁夫分早、午回航，我專找下午進市，這時買魚的顧客少，價錢也較廉宜，我可以從百多檔魚販中挑選，悠閒而縱容；走走看看，慢慢地兩手不覺愈來愈沉重，山寨裡所有同事的桌上美味，全在我兩臂負荷之下，如果說付出屬一種愉悅，那我該是一個快樂的人了。

　　魚市逛多了，我認識了不少魚類。

　　人類因區域不同而有別，魚類也一樣。風下之鄉有很多魚，半島不曾見過，或者稀罕。有些魚連名字我們都感到稀奇詭譎，紅鱠、七星斑、蘇眉、白鯧、斗底……，半島人人都知道，應該說都嚐過；若問起風下之鄉的海中名產海底雞、泥猛、瓜子粟、老鼠斑，恐怕就令人如丈八金剛摸不著頭腦了。

「海底雞」是風下之鄉的頂級魚產，價錢也當列入頂級的了。這種產自深海，鱗細嘴尖，全身紋彩類似斑馬的特產，肉細嫩而紮實，清甜味美，為沙巴海鮮餐廳的招牌魚。二十年前餐廳每公斤海底雞清蒸上桌是一百五十令吉，與龍蝦的身價不遑多讓。

魚不予魚名，而以「雞」稱呼，覺得頗為怪異，不明所以。我們這班山寨裡的開荒牛，只有能力嚐高飛善跳的陸地雞，至於滿身鱗片、靠鰓呼吸、匿藏深海的海底雞，我們只在餐宴時沾過味兒！

在浩瀚書海裡尋覓

山打根圖書館的外觀。

　　山打根的人口不過十餘萬，居然有個十分現代化的圖書館，藏書之豐，令人驚嘆，而且其中超過半數都是華文書。這，在半島人眼中，簡直叫人難以置信。

　　半島城市所有官方圖書館，想找華文書，就像海底撈針，有些只有零零落落的幾十本，大部份連一本華文書也找不到。根城這幢藏書的兩層建築物，是市政廳超越百萬的投資，是為市民精神食糧所下的投注。

　　我們幾個山寨王，有段日子幾乎天天都走進圖書館，去借書，去看當天的日報打發時間。那是因為可可市價一蹶不振，耕地易手，舊主已去，新主尚未露面，未接任何指令之前，我們暫且在根城的辦公所待命。無所事事，就想到南通市瀕海的那所圖書館，足以消磨時間。

　　圖書館座落在通往三腳石大道旁，略帶弧形的雙層建築物，正面與背面以玻璃組成，前面入口有道寬大的走廊，微斜，廊頂是透明的琉璃瓦，不但使走廊光燦明亮，也使圖書館內部光潔無比。

　　圖書館內部全冷氣設備，最前面為閱覽廳，有五、六張圓桌，舒服的座椅，有各種語文的報紙、雜誌和期刊。單是沙巴州的華文報紙就有《自由日報》、《山打根日報》（現已停刊）、《亞洲時報》、《詩華日報》、《華僑日報》和《晨報》。每次我們到來，都發現閱覽廳席無虛設，閱報的樂齡人士尤其多，周末加上學生，人潮更盛。

　　書架上擺放的書籍，分門別類，都整齊有序，架上還特別加上標籤，文學類、歷史類、經濟類、傳記類、哲學類、地理類、海洋學、動植物學……，一目了然，各憑嗜好閱覽。

　　在浩瀚書海裡，我偏愛文學類，小說、散文、新詩都涉獵，尋尋覓覓，發現中國五四的新文學諸家名著，收集齊全，連文化大革命以後的名家作品也不少。台灣方面的文藝書更加琳瑯滿目，皇冠、聯合、九歌、天下、麥田、文星、藍星、晨鐘、雅彌……等出版社都在這裡展示力量，余光中、白先勇、羅門、蓉子、洛夫、瓊瑤、羅蘭、聶華苓、司馬中原、鄭愁予、向明、紀弦……這些我們熟而能詳的名家心血，一一在此亮相。

　　那時我長期受困山野叢林，城鎮幾乎找不到我的蹤跡，與文藝界更近於絕緣，只台灣的林煥彰、新加坡的林瓊兩位，尚有書信往還。林煥彰是詩人也是兒童文學家，致力推動各文體的兒童文學創作，信中也經常鼓勵我寫點作品給下一代閱讀，還推介了一些我的兒童詩作在台灣發表。

　　這引發了我對兒童文學的興趣與關注，很想在這方面下點工夫，但卻找不到有關的書籍。哪知踏破鐵鞋無覓處，來得全不費工夫。也意外也驚喜，這所圖書館的兒童文學部替我解困，近代作家的兒童文學作品，包括兒童文學理論，多到幾百部，而且中國作家和台灣作家兼容，使我高興到得意忘形，幾乎要在靜穆的地方歡呼起來！

　　對兒童文學的志趣日濃，可說是從那時啟發的。給我印象最深的作品是由洪建文兒童文學基金出版的《洪建文兒童文學選集》，洋洋大觀精裝本十二巨冊，集理論、寓言、小說、散文、詩歌於一爐，都是台灣名家專為兒童執筆的頂級創作，不只作品內容新穎多彩，印刷也力求華美，不只兒童見了愛不釋手，連我閱後也愛不釋手。該書編者最意義深長、也令我最難忘的一句話是：「作家在創作生涯中，如果不能寫一本給兒童閱讀的書，那將使他終身遺憾！」

　　在根城短暫的期間，我借閱的大部份為兒童文學方面的書，林煥彰、謝武彰、楊喚、詹冰、吳晟、洪承濤、章萍萍、樊發稼……這些令人敬佩、專為兒童埋首伏案的作家的名字，也是從那時闖進我的記憶裡。

凹地裡的果園

冰谷與他培植的榴槤樹。

對果樹，自小我有偏愛。十多歲時，在上學途中，發現路邊有棵野生紅毛榴槤苗，拔起帶回家，種在屋旁空地上，也不懂得施肥，兩年後居然開花結果，那種收穫的喜悅，自今猶難以忘懷呢！

也許這個原因，一到山寨，馬上接過一個園主的特別任務，把原有的那片果園重新整頓。果園就在我的宿舍左邊，灌

木雜樹叢生，茅草處處，一片荒蕪愴涼影象，該有很長一段日子沒有人踏進園裡了。

油棕可可才是我全神投注的目標，果園只能在工餘之暇整頓。周日是休息天，即是我轉換環境的日子，找幾個勤奮的工友，砍砍鋤鋤，把長久的荒蕪消除，把愴涼化為亮麗。

幾個月後，果然有點成績了。首先出現的是兩個魚池，以前曾經放入很多非洲、筍殼（林哥）魚苗，因為叢生雜草，已被大蜥蜴追捕得所剩無幾了。

那片果園處於沖積層凹地，土厚地肥，大約有三畝寬，除了四、五棵芒果樹，邊緣較高的地方還有一些子生榴槤樹，雖樹高葉茂，但據說都不曾開花結果。

靠近我的宿舍這邊，有百餘棵木瓜，已經疏疏落落地結了果，只是失肥，木瓜樹葉片枯黃，果實不大，加上無人管理，成熟的木瓜成了果子貍、松鼠等野獸的祭品，從來沒有收採過。木瓜樹生命力盛旺，清除雜草後施肥，葉叢、果實不稍幾個月便灰復了壯盛，晚餐時大家都可嚐到美味的木瓜了。

老總見我對果樹鍥而不捨，且處理得有點成績，隨叫我把三畝凹地次第種滿，可以多元化，唯一不可種紅毛丹，據說紅毛丹的蟲害與可可蛾有直接關係。

種果樹不難，要取得果樹的優良品種在風之鄉可不簡單，但老總真可謂神通，有次回半島公幹，竟然帶回來幾十棵駁種榴槤和龍貢。榴槤都是特選名種，D2、D10、D24、D88、D144、葫蘆、紅霞、Kanyau、Mantong、Channe……，國內外新舊的品牌幾乎被他網羅殆盡。

從半島把植物帶進風之鄉，必須去土，通過免疫局，同時近一百棵的數量，委實不簡單。「可以種活嗎？」，出發前老總滿臉疑惑。也難怪他擔心，上飛機前要包裝，到了山打根已入夜，果苗帶到山寨，前後至少要經歷三天，才可重新入土。

我告訴他只要處理得法，一周都沒有問題。去土後，把樹苗葉片修去半截，整株以塑膠袋封密，以免水份消耗。另一方面，我在果園搭個小小的遮蔽苗圃，塑膠袋進滿泥土，果苗一到就移植到袋裡。

果然獲得好成績，榴槤苗成活率高達九成，龍貢也有八成。龍貢去土後重植成活不易，據說大農莊曾經帶過入境，重新培種的結果全數枯死，我們的成績可謂創造奇蹟。重種時不只水份要控制適宜，同時每株要套袋，使株苗原有的水份獲得保存。

榴槤苗在苗圃裡培養了半年多，等枝葉茂盛、樹身健壯之後，才再移植到園地裡，移植初期，仍須作五十巴仙覆蓋，然後逐漸降低，最方便又省錢省工是用椰葉，東西兩面遮避就行了。龍貢的生長比榴槤緩慢，種在塑膠袋差不多兩個月才萌長新芽，在苗圃培植了足足一年才能移植在園地。

風之鄉雨量充足、土壤肥沃，樹苗成長迅速，欣欣向榮，每天出門工作前，我必在果園巡視一周，細察牠們的生長變化。從此園地裡除有芒果，木瓜，又加了駁種榴槤、龍貢，不久我還添種了黃梨和番石榴，真的把果園多元化了。想到再過幾年，匿居山寨都可以嚐到各類水果，心裡不禁一陣歡樂。

可是，正當我為果樹的茂盛而欣慰之際，忽然一個晴天霹靂，可可市場低迷不振，園圻在運作乏力下轉手了。我們幾個山寨王為前程各奔西東，欲嚐親手培植的水果的夢想，也終於破裂了。但每想到「前人種樹後人享」的名訓，心頭仍然留著一股甜意！

精雕細琢話刀鞘

刀鞘上顯示精巧的雕紋。

在風之鄉飄泊了五年，帶回來的紀念品至今猶存的，只有兩樣。一樣是金錢換取的，那是斑燦多采的貝殼；另一種是一對刀與刀鞘，都是不必付錢的制作，卻更顯得珍貴且意義深長。

不少朋友到訪，問我在風鄉住了那麼久，怎麼只帶回兩種平凡不過的東西。也難怪，一些同來的伙伴，他們的紀念品不只品類繁多，而且還是奇珍寶貝。

所謂奇珍，其中有鹿角、熊爪，和更珍貴的象牙。

　　二十年前，這些動物雖然禁獵，但通過正式管道，鹿角、熊爪都可以有限制地攜帶出口。據說象牙也在特殊情況下發出准證。雖然職責關係，我也曾參與追獵野獸的行動，但對這些殺生找回來的珍奇紀念品，我缺乏收藏興趣。

　　蒼蒼碧野，風之鄉叢林裡到處見到鹿，鹿肉成為桌上佳餚後，那對珊瑚形的鹿角經過處理，即被釘在廳堂上供人客欣賞。彎彎的熊爪可以鑲金嵌銀，製成項鍊的墜子。象牙呢，那更是難以估計價值了。

　　對於稀有的紀念品，不管價值多高，只要是違禁物，我都不想搜集，更不會通過管道取得。五年生活裡我微觀細察，有人對上述奇珍趨之若鶩，我卻不為所動，所以只帶回來兩把刀，和一櫥形狀各異的貝殼。

　　特製的柴刀，馬來語叫Golok，是用電鋸鋼板打造的。開芭墾地，電鋸是開路先鋒，山寨裡每天都有十幾架電鋸在搖撼天地，舊鋸板全拋集在修理廠。我就廢物利用，把鋼板割制成刀，刀柄和刀鞘就得借助精於雕刻的印尼工友了。

　　做夢也想不到，工友中竟有眾多手藝傑出者，他們養鳥自造鳥籠、捕鳥自編捕網、捉魚自織魚籠；我們要造鐵籠誘捕刺蝟，不必找鐵匠，把大小形狀劃出就行了……。

　　還有令人驚嘆不已的，他們刀鞘的製作技巧，精雕細琢、紋彩多變，原來都是他們的祖傳手藝，只是生在窮鄉僻壤，無從發揮，聚集到這裡轉身為勞工，我們懵然不知原來山寨竟然「臥虎藏龍」呢！

其實，我是先為刀鞘「驚艷」，才想鑄造柴刀，手工那麼細雕精緻、華美，創意那麼獨特輕巧、細致，同時攜帶又那麼輕便，作為一種紀念品真可謂最適宜不過。

想到一刀單調、好事成雙，於是在電鋸修理廠一口氣為我鑄造了兩把刀，磨利，交給一名工友，讓他度刀造鞘。刀鞘以紋綵斑駁的硬木作體材，硬木防腐又防蟲蛀。材料森林裡遍野縱橫，要鋸兩塊硬木做刀鞘，真如囊中取物。

刀與木塊交上去，問起收費，對方搖搖頭，他說現在不靠手藝生活，免費，但工余之暇抽空處理，又缺乏雕具，要多費時日。

雖然我沒有去看他如何進行工作，但可以想像在山寨這等環境裡製刀柄刀鞘，自然難度較大。最簡單的刀柄，完成後鑽洞，扣上環箍，還要粘液才可與尖鐵接隱，成為握手，可以砍切。這竟難不倒工友，原來桐樹流出來的油脂可用──桐油煮熱後倒入刀柄口，冷結後木柄把尖鐵穩住。

刀鞘模型做成後，工友拿來讓我過目，形狀不滿意還能修改，又問我要刻什麼花紋圖案，要雕花刻鳥都行。

──最簡單的花紋就可以了，我說。一切都免費的，刀和刀鞘，我還敢提出要求嗎？畢竟，雕花刻鳥複雜又費時間，太為難對方了。

雙刀兩鞘，在我可謂珍貴而又富紀念性，但帶回來不久朋友見到了，驚喜之後，出言叫讓，沒法就送出了一把，僅存的一把與彩貝同在玻璃櫥裡，各展魅力，再親的朋友也不相讓了。

紀念品的珍貴，不在於其身價，而在於它的代表性，與意義。

扯旗山嚐龍蝦

　　說來慚愧，第一次嘗到龍蝦的滋味，我已經年過半百。那一次，還是鄭總請客。

　　可可園易手後，新園主派鄭總掌舵。我們是在西馬的舊相識，年過四十歲的鄭總是細菌學博士，仍是一名鑽石王老五，為人和藹可親。有一天我們在根城辦事，他提議我們晚上登扯旗山嚐海鮮。

　　根城的海鮮餐廳，雖不敢說十步一館，但從舊街、新街、南通市、白沙灣，北面由二里、四里、金鳳市、八里，都有令人垂涎的海鮮廣告向顧客招手。

　　遠離市塵、環境優雅，扯旗山是海鮮食客的首選。山頂餐廳只在晚間營業，直到深宵饕客依然絡繹不絕。晚餐和喜歡夜宵的顧客結伴到山頂，除了大快朵頤，還可以俯瞰根城迷人的夜景。

　　扯旗山海拔只有五百呎左右，其實不算高，卻是整座城的屏風，使根城享有背山面海的旖旎情調，我想「小香港」的雅稱也是因此得來的吧！假如沒有山嶺拱托，根城至少失去一半風彩。假如真在香港，扯旗山早被富豪盤據，推泥造景，建起高雅堂皇的食風樓了，豈能讓海鮮餐館獨佔風光！

　　所以，扯旗山還保持著一片蒼綠蔭涼、雜樹生花的自然景觀，散發出原野氣息。彎彎的山路由石尾鎮蜿蜒而上，從山腳開始即來個V形的急轉彎，令上下的車輛不得不煞緊緩行，如臨峻嶺深邃。尤甚是夜幕低垂時分，路燈迷濛，林間寂寂，頗有幾分令人提心吊膽、忐忑不安，唯路程僅僅十多分鐘，前方倏地又閃出一片燦爛的燈光，使人振奮！

　　那就是海鮮餐廳誘人的眼睛，擠眉弄眼向顧客招徠。

　　餐廳座落馬路兩旁，雖地處山腰，但闢有寬闊的瀝青停車場，更有殷勤盡責的招徠員，車停即趨前來招攬生意。

　　市政局把餐廳前面的長形空地美化，建造涼亭，種植了花草樹木，安置了石凳，還有精緻燈盞，把整片地打造成一個迷你公園，讓市民在飽餐海鮮之餘，有休閒流連的去處。從這裡鳥瞰，山下除了根城萬家燈火，港灣上的輪船也發出點點亮光，或許還有晃動的人影在運貨，但太遠了，無法進入眼廉。

　　從山上算起，我們選擇了最遠的一間餐廳，因為和其他餐廳比，它座落於山腰的最高處，居高臨下，我們坐著可以覽盡腳下閃熠的燈海。

　　點菜時，侍應叫我們自己去魚缸挑選海味，除了魚若游龍，龍蝦也在缸裡弄波戲水，不知大難臨頭。鄭總指著缸裡一隻藍殼龍蝦，「就這隻吧！」接著問，「有多重？」

　　「差不多半公斤。」侍應說完，馬上以兜網往缸裡一撈，把龍蝦按在秤上，果然好眼力，剛好半公斤。另外，再點一尾七星斑，一道清菜，一桌四個人，夠了。

青菜清炒，七星斑清蒸，還有龍蝦要怎樣泡製呢？我連嘗都沒嘗過，自然沉默，不敢開腔，其他三人也不語；為避免尷尬，等侍應推薦最安全。清蒸龍蝦當然好，不過七星斑清蒸了，不希望再來相同的烹調，幸好侍應及時開口了：「薑蔥龍蝦怎麼樣？」

沒有人異議。出菜時，龍蝦排在最後，瓷盆端上來，熱氣裊裊，清香四溢。我按捺不住心頭的興奮與激動，到了兩鬢花白始初嘗龍蝦，人生難得的珍奇海味啊！

薑蔥炒龍蝦原來是把龍蝦砍成一節一節，然後下鑊，拌和薑片一起炒，到龍蝦將熟時才撒下蔥花；吃時食客得自己剔殼，但易脫。一般海鮮都加薑片，為了去膻腥吧，和蒸魚蒸野味同理。

第一次嚐到龍蝦，肉鮮味美，齒頰留香，有種滿足感。鄭總付賬時，我一看單據，龍蝦欄目列出一百五十令吉（約四十三美元）。好驚人的價碼！

那是我在風下之鄉歷年中，印象最深刻的一次餐宴，就在扯旗山上。燈火、龍蝦、七星斑。我以為那是我最初也是最後一次龍蝦宴了，但是，人生事難以意料，幾年後我流落在南太平洋偏遠的所羅門群島，一公斤多的龍蝦一隻只須三令吉，一個人每餐吃一隻龍蝦也是平常事。

東西一多就便宜，便宜就不成珍品了，就像所島的龍蝦。

走進風下之鄉
——沙巴叢林生活記事

附錄一　走進百獸國度

榮固

　　翻閱冰谷的新書《走進風下之鄉》，有種「似曾相識燕歸來」的感覺，因為本書是本報醒目專欄「空谷傳音」的結集本。所以，從前的種種，像東馬吹來的一陣風，燕群轉眼整齊有序飛入書中化成其中的片言隻字。

　　有緣聆聽「空谷傳音」，剛好那時工作改動而負責醒目專欄，或多或少與冰谷結下「純文字」的塵緣，因為連冰谷的聲音都沒聽過，皆是網路上傳稿接觸。然而經由冰谷的千里傳音，我對陌生的風下之鄉，開始有了勝於教科書上刻板的了解。

　　原來，山寨是寂寞的，人是孤單的，周遭卻是生機蓬勃的，蟲蟻百獸隨時闖進人類世界，大開瘋狂派對。若我們以憐憫眼光來看文明人類與荒野眾生，兩者是相依又相斥的，悲劇就在如此曖昧處境中產生，書中章節〈蜜蜜的悲哀〉與〈小人猿劫後餘生〉，就衍生兩個悲劇角色：蜜蜜是小雌熊，習慣了人類豢養，喪失天然求生本能，放生第二日，又跑回籠裡等人餵養，最後落得被投機者殺身取膽的下場；而小人猿Maggie誤

食了農藥「好年冬」，胃像穿了洞，永遠吃不飽，永遠骨瘦嶙峋，夜裡有如小孩「呀呀」叫，向人乞食！

兩個可憐的小生命，直接或間接在人為禍害中犧牲，讓人感到莫名感傷。

後來，曾經也到風下之鄉做客幾天，走馬看花，都是很表面的接觸，哪似冰谷在山寨生活五年，近距離摸索到叢林心臟地帶，因此蟲蟻百獸融入當時冰谷的生活中，也融化成冰谷日後的文字中，對大地，人文及百獸皆有貼切的體會。

發展是需要付出代價的，然而人類在開墾中，是否能與大自然和諧共處？人有喜怒哀樂，其實百獸也有，猿會捨身救子，象會咆哮反擊——我的家鄉是柔南的「蝙蝠城」，小時候，夜幕低垂之際，上百的蝙蝠群真的在頭頂上滑過，非常壯觀，如今呢，這廿多年來，從沒見過蝙蝠。

不管風下之鄉將來會如何發展，借書重溫，我再次走進百獸國度，再次感慨，這書裡的象哦猿鳴鳥啼，是歡唱還是哀泣呢？

（作者為《中國報》副刊編輯，
文章於二○○七年四月二十九日刊於該報）

附錄二　《走進風下之鄉》

蘇清強

　　作家雅波曾經說過，冰谷是鄉土的。這或許是與冰谷的生活環境有關；而更重要的，是他對於腳下土地的熱愛，對於眾生的悲憫情懷與關愛。他的足跡遍及國內與國外的大片園林，芭野，雖然是工作上所需，實際上也源自於他內心裏的鄉土情意結。年輕時他以詩歌詠過新村與生活；在吉打的膠林裏他寫了一則又一則的園丘散記；在所羅門群島，他的筆沒有放過那片莽原風韻；而在風下之鄉的熱帶雨林裏，他感受著自然母親的脈膊，寫下了這本集子裏的感人文字，哦，重要的是文字背後的「故事」，更正確的說，應該是活生生的際遇，真人真事。

　　冰谷的這本書，能夠引起讀者的興趣，除了大家對荒蠻雨林的生活感到好奇之外，我想，冰谷簡樸的筆調中，流露出來的「真」，必有其感人之處。冰谷字裏行間的真，並非只是白描的那一類寫實，而是注入了自己的思想和感情再反映出來的實況。而且，冰谷的觀察入微，感情拿捏得準，一個事件他可以牽引出很多相關的細節與聯想，讀來別有餘味。一般上，他

的描寫是細膩的，深刻的。讀者讀完一則，必然產生再讀下一則的熱忱。

在風下之鄉那一個廣垠的雨林裏，冰谷因工作之便，常常得與野獸、山鳥共處。對都城的群眾來說，那是一個神奇又神秘的世界；對於鄉土味濃厚的冰谷來說，飛禽走獸也好，蛇鼠爬蟲也罷，甚至奇花異草、巨樹蔓藤，不過是生活環境裏的一分子。野獸真的如我們想像中的野蠻無道嗎？冰谷的筆下有智慧的大象，能言鳥的趣事，能解人意的水牛，救兒心切的母猴，小熊蜜蜜的悲哀……讓我們看到禽獸也像人類一樣，有其「人性化」的一面。從冰谷寫犬猴大戰、人猿因人類的眷養而產生依賴性，漸漸失去自立生存的本能……就可知他的用心。我隱隱約約的感受到：冰谷寫的雖然是茂密雨林的自然生態，實際上，卻不無借機諷喻我們這個獸性未滅、有時更加猖狂的人間世。所以，巨蟒惡獸雖然使人畏懼，但，無處不在的「森林大盜」卻更加可惡。

在那個寂寞的雨林裏，冰谷一定是從這些自然生態中學到了哲理，堅定了他的人生觀。前年他不幸中風，卻堅毅自強地進行康復治療。他的毅力和信念是使人感佩的。他逐步捨棄輪椅和拐杖，目前已康復了八、九十巴仙。仔細閱讀他的這本散文，就可知道他多麼痛心人猿失去自立能力，而呼籲讓牠回歸自然。他在中風期間創作更勤，也學習左手寫字，不正是他抗拒依賴，想把自立的本能找回來的證明嗎？

草此數言，實在無法把本書的長處道盡。讀者有興趣，何妨也來一本，一一細讀，讓冰谷帶領你探尋森林的奧秘；也當作是對冰谷的致敬和祝福。

（本文作者為中學退休校長，散文家，詩人，兒童文學家）

走進風下之鄉
——沙巴叢林生活記事

生活風格類　PE0003

走進風下之鄉
——沙巴叢林生活記事

作　　　者／冰　谷
插　　　圖／冰　谷
責任編輯／邵亢虎
圖文排版／陳宛鈴
封面設計／趙少杰

發 行 人／宋政坤
法律顧問／毛國樑　律師
印製出版／秀威資訊科技股份有限公司
　　　　　114台北市內湖區瑞光路76巷65號1樓
　　　　　電話：+886-2-2769-3638　傳真：+886-2-2769-1377
　　　　　http://www.showwe.com.tw
劃撥帳號／19563868　戶名：秀威資訊科技股份有限公司
　　　　　讀者服務信箱：service@showwe.com.tw
展售門市／國家書店（松江門市）
　　　　　104台北市中山區松江路209號1樓
　　　　　電話：+886-2-2518-0207　傳真：+886-2-2518-0778
網路訂購／秀威網路書店：http://www.bodbooks.tw
　　　　　國家網路書店：http://www.govbooks.com.tw
圖書經銷／紅螞蟻圖書有限公司
　　　　　114台北市內湖區舊宗路二段121巷28、32號4樓
　　　　　電話：+886-2-2795-3656　傳真：+886-2-2795-4100

2010年12月BOD一版
定價：300元
版權所有　翻印必究
本書如有缺頁、破損或裝訂錯誤，請寄回更換

國家圖書館出版品預行編目

走進風下之鄉：沙巴叢林生活記事 / 冰谷著. --
一版. -- 臺北市：秀威資訊科技, 2010. 12
面； 公分. -- (生活風格類；PE0003)
BOD版
ISBN 978-986-221-623-1(平裝)

1. 遊記　2. 旅遊文學　3. 馬來西亞沙巴

738.869　　　　　　　　　　　99019192

讀者回函卡

感謝您購買本書，為提升服務品質，請填妥以下資料，將讀者回函卡直接寄回或傳真本公司，收到您的寶貴意見後，我們會收藏記錄及檢討，謝謝！
如您需要了解本公司最新出版書目、購書優惠或企劃活動，歡迎您上網查詢或下載相關資料：http:// www.showwe.com.tw

您購買的書名：＿＿＿＿＿＿＿＿＿＿＿＿＿＿＿＿＿＿＿＿＿＿＿＿＿＿

出生日期：＿＿＿＿＿＿年＿＿＿＿＿＿月＿＿＿＿＿＿日

學歷：□高中 (含) 以下　　□大專　　□研究所 (含) 以上

職業：□製造業　□金融業　□資訊業　□軍警　□傳播業　□自由業
　　　□服務業　□公務員　□教職　　□學生　□家管　□其它＿＿＿

購書地點：□網路書店　□實體書店　□書展　□郵購　□贈閱　□其他

您從何得知本書的消息？

　　□網路書店　□實體書店　□網路搜尋　□電子報　□書訊　□雜誌

　　□傳播媒體　□親友推薦　□網站推薦　□部落格　□其他＿＿＿＿＿

您對本書的評價：(請填代號　1.非常滿意　2.滿意　3.尚可　4.再改進)

　　封面設計＿＿＿　版面編排＿＿＿　內容＿＿＿　文／譯筆＿＿＿　價格＿＿＿

讀完書後您覺得：

　　□很有收穫　□有收穫　□收穫不多　□沒收穫

對我們的建議：＿＿＿＿＿＿＿＿＿＿＿＿＿＿＿＿＿＿＿＿＿＿＿＿

＿＿＿＿＿＿＿＿＿＿＿＿＿＿＿＿＿＿＿＿＿＿＿＿＿＿＿＿＿＿＿＿

＿＿＿＿＿＿＿＿＿＿＿＿＿＿＿＿＿＿＿＿＿＿＿＿＿＿＿＿＿＿＿＿

＿＿＿＿＿＿＿＿＿＿＿＿＿＿＿＿＿＿＿＿＿＿＿＿＿＿＿＿＿＿＿＿

姓　　名：_____　年齡：_____　性別：□女　□男

郵遞區號：□□□□□

地　　址：_____

聯絡電話：(日) _____ (夜) _____

E-mail：_____